WASHINGTON

Tujie Tianxia
Mingren Congshu

图解天下名人丛书　　本书编写组◎编

华盛顿

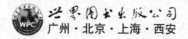
世界图书出版公司
广州·北京·上海·西安

图书在版编目（CIP）数据

华盛顿/《图解天下名人丛书》编委会编.—广州：广东世界图书出版公司，2009.6（2024.2 重印）

（图解天下名人丛书）

ISBN 978－7－5100－0639－5

Ⅰ. 华… Ⅱ. 图… Ⅲ. 华盛顿，G.（1732～1799）—传记—画册 Ⅳ. K837.127－41

中国版本图书馆 CIP 数据核字（2009）第 103051 号

书　　名	华盛顿	
	HUASHENGDUN	
编　　者	《图解天下名人丛书》编委会	
责任编辑	柯绵丽	
装帧设计	三棵树设计工作组	
出版发行	世界图书出版有限公司　世界图书出版广东有限公司	
地　　址	广州市海珠区新港西路大江冲 25 号	
邮　　编	510300	
电　　话	020-84452179	
网　　址	http://www.gdst.com.cn	
邮　　箱	wpc_gdst@163.com	
经　　销	新华书店	
印　　刷	唐山富达印务有限公司	
开　　本	787mm×1092mm　1/16	
印　　张	12	
字　　数	150 千字	
版　　次	2009 年 6 月第 1 版　2024 年 2 月第 9 次印刷	
国际书号	ISBN　978-7-5100-0639-5	
定　　价	59.80 元	

前 言

乔治·华盛顿，美利坚合众国第一任总统。在美国独立战争中担任北美大陆军总司令，领导北美人民与英国殖民统治作斗争，对美国民族独立做出了不可磨灭的贡献。美国独立后，他是美国联邦宪法的制订者和积极倡导者，为美国近代民主共和制的确立和资本主义经济的发展起到了奠基作用。

乔治·华盛顿 1732 年生于美国弗吉尼亚的威克弗尔德庄园。他的父亲是一个富有的农场种植园主。在他的成长道路上，父亲给予了莫大的帮助和影响。1752 年，华盛顿继承了很大一笔遗产，成为一名农场主，这使他积累了许多经营管理方面的经验。1753 年，华盛顿在部队服役，参加了法国和印第安人之间的战争，并且表现出众，这为他积累了丰富的作战经验，也使他在军队当中具有了一定的威望。1756年参加英法七年战争，为和法国争夺俄亥俄州付出了艰苦的努力。1758 年华盛顿与一位带有两个孩子的富孀——玛莎·卡斯蒂斯结婚。1763 年，英法七年战争以英军胜利告终，华盛顿带着荣耀解甲返乡。

华盛顿在随后的岁月中经营自己的家产，表现出了非凡的才能，逐步成为北美殖民地当中最大的富豪之一。1774 年他被选为弗吉尼亚州的代表去参加第一届大陆会议。1775 年 6 月的第二届大陆会议一致推选他来统率大陆军部队。1775 年 7 月 3 日，华盛顿就任大陆军总司令。他把一支组织松散、训练不足、装备落后、给养匮乏，主要由地方民兵组成的队伍整编和锻炼成为一支能与英军相抗衡的正规军。通过普林斯顿和约克敦等战役，击败英军，领导北美人民取得了北美独立战争的胜利。1783 年《巴黎和约》签订，英国被迫承认美国独立。同年 12 月 23 日，华盛顿再次解甲归田。1787 年他主持召开费城制宪会议，制定联邦宪法，为根除君主制，制定和批准维护有产者民主权利的宪法作出了不懈的努力。

1789 年，华盛顿当选为美国第一任总统。他组织起机构精干的联

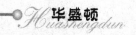
华盛顿
Huashengdun

邦政府，颁布司法条例，成立联邦最高法院。他在许多问题上倾向于联邦党人的主张，但力求在联邦党和民主共和党之间保持平衡。他支持汉密尔顿关于成立国家银行的计划，确立国家信用；批准杰斐逊所支持的公共土地法案，奠定了西部自由土地制度的基础。

1793年，华盛顿再度当选美国总统。为了缓和同英国的矛盾，1794年11月4日华盛顿派出首席法官杰伊与英国谈判，签订《杰伊条约》，因有损于美国利益，遭到反对。

1796年9月17日，华盛顿发表《告别辞》，表示不再出任总统，开创了美国历史上摒弃总统终身制、和平转移权力的范例。

1799年12月14日，华盛顿在弗吉尼亚州的巴隆山庄的家中病逝，享年67岁。

华盛顿一生正直、诚实、勇敢、坚强，深明大义且乐于奉献，为国家和民族付出了毕生的精力，得到美国人民的世代爱戴和推崇，他的精神至今影响和感动着美国人民，被誉为"美国国父"。

目录

华盛顿
Huashengdun

目录

华盛顿
Huashengdun

目录

华盛顿
Huashengdun

英勇诚实的少年

在每个国家,知识都是公共幸福最可靠的基础。

不论用什么方法获得名誉,如果后面没有品格来维持,名誉终必消失。

——乔治·华盛顿

华盛顿
Huashengdun

一代伟人的诞生

乔治·华盛顿的祖辈早先居住在英国，是一个世代效忠英王室的大地主家族。1657年，英王查理一世被克伦威尔赶下王位之后，华盛顿的祖父便和弟弟一起迁徙到美洲新大陆的弗吉尼亚州定居。

不久之后，他们开垦了布里济斯河注入波多马克河沿岸一带的土地，于是，华盛顿的祖父便成为这一地区的大地主。到了第二代奥古斯丁时，他们已经拥有了波多马克河至拉帕漠诺河之间20多平方千米的广阔土地。

华盛顿的父亲奥古斯丁不仅是一位大地主，也是钢

詹姆斯敦是英国人1607年在北美弗吉尼亚建立的第一个永久性居留地

铁公司的大股东，同时他还经营着海运及贸易事业，因此，在当地是个德高望重的知名人士，在州议会中也相当有势力。

奥古斯丁是个子女众多的父亲，与前妻琼安生有 4 个子女。琼安死后，他和玛莉·波尔再婚，并陆续生育 6 个子女。

华盛顿出生于 1732 年 2 月 22 日，他的母亲是玛莉·波尔。在同父异母的兄弟姐妹中，华盛顿排行第五。

砍断樱桃树

穿 过幽静的原始森林，有一条潺潺的溪流，远处的山坡上有一座红砖砌成的大宅院。

站在凸出于绿色草坪的阳台上，放眼望去，黑人们正辛勤地工作着，溪流如银色丝带般系缚着一片苍郁的森林，激起的水花更为这静谧的气氛增添了几许生气。

少年华盛顿砍樱桃树

绿色草坪的另一端，便是占地面积很广的大牧场。这时候，牧场上隐隐约约出现了一个小男孩蹦蹦跳跳的身影。紧接着，一位黑人少年上气不接下气地跟在小男孩身后跑了过来。他们已经隔了有一段距离，但是小男孩还是不顾面颊上流淌的汗珠，继续向前奔跑，以至猛然回头，才发觉黑人少年早已落后了一大截，而他自己则已到达了事先约定的目的地——栗子树下。他松了一口气，躺卧在树荫下的青草地上，绽开了胜利的微笑。

华盛顿
Huashengdun

这个小男孩就是日后领导美国独立战争胜利并成为美国第一任总统的大人物乔治·华盛顿。

黑人少年拖着疲惫的步履随后赶到,一面张嘴急喘着,一面对小男孩说:"我始终是比不上你,少爷。"

小男孩听了有些愤慨,于是站起身来说:"没出息的尼可乃莫!你的年纪比我大,可是,每次摔跤和赛跑还总是输给我。"

"少爷,你看!我的脚都僵硬了,根本跑不动……"

"我也是一样呀!原本我以为这一路程太远,心脏负荷不了,可是,为了不认输而继续忍耐着……尼可乃莫,这就是我们做人最基本的原则,凡事都应当有这种坚持不懈的精神,才能立于不败之地。"小男孩睁大了碧蓝的眼睛,以成人般的口吻训诫着尼可乃莫。

突然间,宅院里传来了一阵如雷般的吼叫声。

"是哪个混蛋干的?"暴跳如雷的吼声又继续提高声调,"我每天辛辛苦苦施肥灌溉的樱桃树,竟然……"

小男孩已经听出那是爸爸的声音。

庭园里幼嫩的樱桃树大约在距离地面 1 米处被砍断了,不知是谁摧残了它,那一把锋利的斧子还弃置在断枝附近。

小男孩神情呆滞地站到父亲面前,像个即将受审的重要嫌犯一般,一动也不动。

"爸爸,樱桃树是我砍断的。"

"什么?是你砍断的?"

"因为我看见这把斧子闪闪发亮,看上去很锋利,所以就想试试看能不能砍断这棵樱桃树。"

"傻孩子!你可知道这么做会受到什么样的处罚吗?"

"我知道,可是……"华盛顿勇敢地继续回答,"爸爸,如果我为了害怕受罚而撒谎,那岂不是卑鄙的行为吗?"

父亲听后,脸上随即露出慈祥和蔼的笑容,他一面为自己孩子的诚实感到骄傲,一面摸着华盛顿的头说:"乔治啊!你的诚实很可贵,爸爸真为你高兴。你的正直和敢于面对现实的勇气，让爸爸感到非常欣慰。"

父亲诚挚亲切地褒奖着华盛顿，并且将那一把"惹祸"的斧子送给他，然后，又领着华盛顿走向后院的花坛，那儿盛开着红白相映的罂粟花。

"哇——好美呀！"

华盛顿几乎忘记了刚才发生的事，为盛开的花朵雀跃不已。

"漂亮？只是漂亮而已吗？"

爸爸一面问，一面笑眯了眼。

"难道还有其他特殊的含义吗？"

"你还不知道吗？现在，你再向前走 50 米就可以看到更加美好的景致了。"

等不及听完爸爸的话，华盛顿就连忙跑上后院的小丘，回头一看……

怎么回事？ 在红色的罂粟花坛中，夹杂着一些白色的罂粟花排列成"G. W"的明显字样。

那岂不正是"George Washington"的缩写吗？

"爸爸，这到底是怎么回事，谁种的？"

父亲笑着回答说："是我 …… 不！不！应该说是神的旨意。"

"其实，种植方法非常简单，首先我用白色罂粟的种子播种成 G. W 的字样，然后在其他空隙全部撒下红色的罂粟种子。 字样虽然是我设计的，但是在这片土地上滋润雨水，供给阳光和空气，使它发芽茁壮、枝叶茂密、花朵盛开，却完完全全是神的恩赐。"

华盛顿很佩服父亲的这种创意以及神的伟大，全神贯注地倾听着。

父亲又补充说道："虽然凡事皆为神的恩赐与安排，但却又不得不借助人的力量，才能相辅相成。 例如人的智慧、人的努力、人的勇气、人的精神等。 如果人所做的一切均能合乎神的感召，那么便能成就伟大的事业。"

对待淘气的伙伴

乔治·华盛顿具有勤勉的态度、诚实的个性、倔强的脾气以及勇敢的精神。 由于他们住的地方位于四周原始森林环绕的新屯垦区，所以，附近一带没有学校，唯一可以接受教育的地方，是一间坐落于荒野中、以数片薄板搭成的小屋。 这里有一位教会的守卫荷比先生，他专门收容失学的小朋友，以启蒙教育为业。

荷比老师年逾古稀，下颚长满了白胡须，由于独脚的缘故，行动起来不太方便。 每当孩子们听见"喀、喀"的拐杖声，就知道一定是"拐杖爷爷"来了。"拐杖爷爷"这个名字是孩子们因为对荷比先生好奇而亲昵称呼他的特定外号。 如果小朋友们淘气地藏起拐杖时，他便会大声嚷着："喂！你们若是再这么调皮，将来就一定会和老师一样成为跛脚的人。"

荷比先生曾经是一位战场上的英勇战士，在一次激烈的战役中被敌方枪弹射中，导致右腿残废，但这并没有磨灭他的生存欲望。 学生们最喜欢听的是他描述他在战场上英勇善战的故事。

而在这所荷比老师所创办的"学校"里，最令人厌烦和头疼的就是一个名叫"巴斯鲁"的学生。

一天，华盛顿正独自坐在树荫下看书，突然听见不远处的草坪上传来了喧嚣声。

"哈！哈！怎么样？没有人再敢出来和我比赛了吗？哈——哈——"

原来是巴斯鲁正趾高气扬地讥讽着所有败在他手下的同学们，并且威风凛凛地扫视着大家。 大伙儿也由于他力气很大而吓得一句话都不敢说。

华盛顿听了之后，实在无法再压抑内心愤怒的情绪，"啪"的一声合起书本，走上前去。

"好！我来和你较量较量！"华盛顿气冲冲地指着巴斯鲁说。

华盛顿经多年锻炼练就了强健的体魄，身材高大魁梧。 如果巴斯鲁能够打败华盛顿，那么，巴斯鲁才真称得上是同学里面的英雄。

"你真要打吗？你有这勇气吗？"

"来吧！咱们来试试！"

两个少年面对面凝视着。

突然，巴斯鲁以坚硬的拳头朝着华盛顿的左边面颊挥了过去。 这一拳打得好疼。

"怎么？你真想要打架吗？"

"嘿！我可管不了那么多，只要打赢了就好。"巴斯鲁显露出一副刁蛮的神情说道。

一时之间，气氛变得更为凝重。

不一会儿，巴斯鲁又猛然地打出了坚硬有力的一拳，这一拳击中了华盛顿的胸部，这是巴斯鲁最得意的战术，他总是"趁人不备，出其不意"地攻击对方。

"哎哟——"

华盛顿的身体摇晃了几下，似乎快昏倒了。 他好不容易才站稳了脚步，强忍着胸部的疼痛，指着巴斯鲁说："好啊！瞧你干的好事，你好狠！"

华盛顿怒火中烧，实在无法再忍下这口气。 他忘却了疼痛，忽然间扭住巴斯鲁的衣领，猛一抬腿，朝着他的腹部踢去……

就在这一瞬间，巴斯鲁便卧倒在地了。

"哗——"

在一旁围观的少年们立刻欢声四起。

过去曾经遭受巴斯鲁欺凌的同学，更是拼命地为华盛顿加油助阵。

巴斯鲁恼羞成怒，面红耳赤地站了起来。正当他想还击之际，却被华盛顿揪起衣领，像捉拿犯人般地提起身子来左右甩动。

又是一幕精彩好戏，这一招可真是大快人心！巴斯鲁不断地呻吟与哀号，横卧在地上，再也站不起来了。

这样的结果已经表明了双方的胜负，少年们的喝彩与欢呼声此起彼落，可是，华盛顿却低着头满怀自疚地对大家说："胜败乃兵家常事。虽然我获得了胜利，但我并不感到光荣，因为，打架是一种卑鄙的行为。"

当时，华盛顿和同学们在学校里的课余游戏，也都类似于战争的方式。尽管学校的规模很小，学生的人数也不多，大伙儿却都玩得十分开心和尽兴。

在模拟的"战争"游戏里，扮演英军的同学腰间系着红色布条，而扮演西班牙军的则系着白色布条。红白两队互相争夺对方腰间的布条，便是"战争"的开始。抽签的结果，英军大将是华盛顿，西班牙军的统帅则是巴斯鲁。

"打呀！打呀！咱们要将西班牙军队全部消灭。"华盛顿挥着红旗高声呐喊着。

"杀——杀——打呀！"

两军的"士兵"个个奋勇应战，喊声震天。有的为了争夺对方腰上的布条，互相扭成一团；有的为了保护自己的腰巾，奋力抵抗。"战况"非常激烈，常有些人难分难舍地在地上滚打着。

不过，今天这一场战役始终是英军占有较大的优势。

"万岁，万岁！伟大的英军万岁！"

眼看英军占了上风，巴斯鲁紧皱着眉头，气冲冲地走到英军队伍面前。

"喂，你们也未免太狡猾了吧！"巴斯鲁大声喊着。"你们还不是托红腰巾的福。……其实，只要是系着代表英军的红腰巾，无论多么懦弱的人也必定能够获得胜利。"

虽然巴斯鲁这样抗议，但是他说的并不是什么正当的理由，大家也知道他正在气头上，没有必要和他强辩，所以，只是站在那里，并不做声。

这时候，突然有一个尖锐的声音划破了此时的宁静。

"哼！卑鄙的巴斯鲁。"英军队列中一个少年这样嚷着。

大伙儿转过头去一看，原来是华盛顿最亲密的好友米鲁多列罗。

"卑鄙无耻的家伙，巴斯鲁是小人！"他继续高声叫嚷，并朝着西班牙军走去。

"米鲁多列罗，你就少说两句吧！"

华盛顿连忙抓住了他好友的手，试图避免这一场纠纷的爆发，可是，米鲁多列罗的忍耐似乎已经超过了他的极限。

"你说什么呀？"

巴斯鲁又不分青红皂白地给了米鲁多列罗左颊一拳，这一拳看来打得不轻。

"你竟敢先动手打我！"

巴斯鲁的这一拳似乎成了导火线，每一位少年都无法再按捺自己内心的憎恨与怨怒，随着这一拳的击出，一场争执就此爆发了。大伙儿不约而同地支持米鲁多列罗，纷纷攻击粗暴野蛮的巴斯鲁。

但是，巴斯鲁也拥有很多的支持者，于是少年们又乱成一团，打骂之声接连不断。

"不要打了！不要打了！"

华盛顿眼见这一场纷争势必一发不可收拾，连忙大声喊着，并且希望从中劝阻，以免搞得两败俱伤。

当然，在这种特殊的情况下，华盛顿只能奋力抱住力大如牛的巴斯鲁，这时候的他并不想施予对方报复的手段，因为，他觉得在"敌寡我众"时给以袭击，有失大将风度。

这时候，一位满面严肃的长辈走了过来。

原来是"拐杖爷爷"。

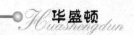

"你们为什么在这儿打架？"

少年们从未听过他这般严厉的斥责，一个个吓得慌张失措。

"你们究竟把学校当成是什么地方了！"

"到底是谁先开始的？""拐杖爷爷"再次瞪大双眼追问着。随后便拄着拐杖走到所有少年中间，注视着汗流浃背，满脸灰土的少年们。

然而，没有一个人敢站出来承认。

就连点燃战火的巴斯鲁，此时似乎也显得十分胆怯，低头闷不做声，看来他的确没有勇气站出来承担。

这时，一位少年挤出人群，走到荷比老师面前。

"老师，是我错了！"

谁也没想到，华盛顿会主动承担这个罪过。

"老师，是因为我引发了这一场纠纷。"

"华盛顿，怎么是你啊？"荷比老师十分惊讶地反问华盛顿，随后便一笑置之。因为，他明白了事实的真相。

"你们可不能再打了啊！"

他只留下了这一句话，就拄着拐杖"喀！喀！喀！"地走开了。

大约有两三分钟，现场一片沉默，没有人再敢大声喧哗，忽然间，却听到了一阵啜泣声。

竟然是生性刁钻的巴斯鲁哭了，眼泪流满双颊。

"华盛顿，真对不起，请你原谅我吧！"

他一面哽咽地说，一面擦着泪水和鼻涕。

"这没什么，你又何必客气。巴斯鲁你怎么哭了呢？"华盛顿毫不记仇地安慰着巴斯鲁。

虽然只是极简短的几句安慰话，却包含了崇高的节操及至上的修养。

从那天起，巴斯鲁痛改前非，变成了一位温和多礼的少年，在街道上遇见熟识的朋友时，他总是微笑着点头招呼，这和昔日蛮横不讲理的巴斯鲁判若两人。

很明显，华盛顿已经完全胜利了。然而，这项胜利的光荣并不是来自强劲的拳头，而是用无形的精神感化力获得的辉煌成果。

★★★★★★★★★★
资料链接
★★★★★★★★★★

北美殖民地的建立

1492 年，哥伦布首先发现了美洲，到达西印度群岛。随后，西欧各国的探险家、航海家先后登上了这块富饶辽阔的新大陆。西班牙人和葡萄牙人把他们的注意力放在南美洲，而法国人、荷兰人、北欧人则把目光指向了北美。在 16 世纪向新大陆探险的竞争中，英国人显得有点迟钝。虽然为英国国王效劳的意大利热那亚人约翰·卡伯特早在 1497 年就到了北美的纽芬兰，但当时的英国人并没有把这块新土地放

1620 年，100 余名英国清教徒乘"五月花号"船
来到北美新大陆

在眼里，亨利七世只不过赏给了卡伯特 10 个英镑和年薪 20 英镑的俸禄。16 世纪后半叶，在女王伊丽莎白一世统治时期，英国的国力日渐强盛，终于加入了殖民北美的行列。从 1607 年到 1732 年，英国在 100 多年的时间里，先后在北美大陆的大西洋沿岸阿巴拉契亚山脉以东的狭长地带建立了 13 块英属殖民地，即：弗吉尼亚、马萨诸塞、马里兰、康涅狄格、罗得岛、北卡罗来纳、南卡罗来纳、新泽西、纽约、宾夕法尼亚、新罕布什尔、特拉华和佐治亚。

1620 年，一批在荷兰逃避宗教迫害的英国清教徒乘"五月花号"船来到今马萨诸塞州的朴次茅斯，他们在抵达美洲大陆之前，由成年男子共同签署了一份契约，奠定了未来殖民地的政治基础，宣布将制定"公正而平等"的法律来治理他们联结而成的"公民政治团体"，据此他们建立了朴次茅斯殖民地。1636 年，另一批清教徒来到康涅狄格河谷，建立了定居点并根据他们自定的章程进行管理。1639 年，康涅狄格河沿岸的 3 个城镇的殖民者共同制定了一个称为《康涅狄格基本法》的文件，"依照股份公司的组织模式"建立了殖民地政府，并废除了选举权的宗教资格限制，因此，《康涅狄格基本法》被认为是历史上的第一部成文宪法。当时，类似的契约殖民地还有普罗维登斯、纽波特、朴次茅斯、纽黑文等。但是，这些殖民地的居民因担心日后生变，仍希望得到英国政府的正式承认，向英国政府申请特许状。于是，以上述契约殖民地为基础，先后于 1662 年和 1663 年合并形成了

由"五月花号"上的英国清教徒在马萨诸塞海滨
兴建的朴次茅斯定居点

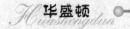

康涅狄格和罗得岛两个特许自治殖民地。

在向北美殖民的过程中，英国国王也把那里的一些土地赐给他的宠臣或贵族，让他们根据特许状进行统治，这就是业主殖民地。1632年，英国国王将马里兰封给巴尔的摩爵士，授予他"完全控制当地的行政、立法和军事事务"的权力；巴尔的摩对英王则只有轻微的义务：承认英王的最高权力并奉献某些贡物。这使得巴尔的摩"俨如一个国王，只是没有王冠"。这种殖民地实际上就是业主向英国国王获取封地，对此业主拥有统治的全权。后来建立的业主殖民地又有：纽约（1664）、南卡罗来纳和北卡罗来纳（1663）、宾夕法尼亚（1681）、佐治亚（1733）以及新泽西（1674）。

1624年，英国国王借口弗吉尼亚伦敦公司财政失败和内部混乱，吊销了其特许状，宣布由英国政府直接统治，由英国国王直接任命的总督进行管辖。1679年，英国国王将马萨诸塞殖民地超出特许状规定的边界部分夺走，设立了王家政府，建立了新罕布什尔殖民地。1684年又将马萨诸塞公司的特许状吊销。至此，公司殖民地已不复存在。纽约、新泽西、南卡罗来纳和北卡罗来纳也先后转变成王室殖民地，到1752年，佐治亚因特许状期满而成为王室殖民地。这样，13个殖民地中有8个为王室殖民地，前述2个为特许自治殖民地，另外3个仍为业主殖民地，即马里兰、宾夕法尼亚和由宾夕法尼亚业主统治的特拉华。

总之，这些殖民地的建立无论形式如何，名义上

经济实力迅速发展的北美殖民地

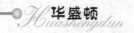

都要承认英国国王的最高统治权并通过英国任命的总督进行统治。从这个意义上说，北美殖民地就是英国君主开疆拓土的结果，是由以英国人为主的欧洲移民所开拓的一块新大陆。它们虽然同样接受英王王冠的灵光，处在它的环照之下，"同等地"附属于宗主国；但它们又各自拥有自己的领土和疆域，是相互独立、互不依赖、互不干涉的政治实体。在经济上，各个殖民地彼此相互分立，各具经济特点，具有各自独立的利益。

父亲去世的重创

乔治·华盛顿 10 岁那一年，长兄劳伦斯从外地归来。他们是同父异母的兄弟，年龄虽然相差 14 岁之多，但兄弟俩的感情很好。

"大哥你回来啦！"

华盛顿以尊敬的目光注视着身材高大、军服笔挺、英姿焕发的劳伦斯大哥。

劳伦斯 16 岁就前往英国留学，大学毕业之后随即进入陆军军官学校就读，此次因为在西印度群岛战役中屡建功绩，得以获准休假返回故里。

"华盛顿！"

劳伦斯似乎也很怀念这位年仅 10 岁的异母兄弟。在他的印象之中，可爱的华盛顿每次总是瞪大着他那碧蓝色的双眸，专心聆听着别人的忠言和鼓励，劳伦斯就是喜欢华盛顿这种乖巧又不呆滞的神情。尤其是每当他描述军校生活情景以及战争状况时，华盛顿更是羡慕地凝神倾听。

在他 11 岁那年的 4 月初，家里派一个佣人来告知华盛顿："父亲病危，请速回家！"

当华盛顿急急忙忙赶回家时，爸爸已经四肢冰冷，撒手西归了。

身为波多马克河畔的大地主，又经营着钢铁公司、海运及贸易等业务，在州议会中颇受重视，在弗吉尼亚州极具声望的奥古斯丁先生，竟然以 49 岁的英年早早结束了生命历程。

父亲的去世，在华盛顿幼小的心灵里蒙上了一层无法挥去的阴影。

"我也要和爸爸表现得同样杰出！"这是在他伤恸之余，暗自许下的诺言。

由于当时的法律规定不尽合理，父亲遗留下来的庞大遗产，大部分由前妻的长子劳伦斯继承，次子奥古斯丁也分得了麦斯托莫亚兰得区的肥沃土地，并且获得了在布里济斯河畔的居住权。

至于留给后妻的那部分只有拉帕漠诺河岸附近一带的田地，而且，等到华盛顿及其他 5 个孩子成人之后，还必须一一分割。

"孩子们，你们绝对不能以优哉的心情等着这一片微薄遗产的分割，应该凭自己的力量去开拓土地，为自己的未来铺上一条康庄大道。"母亲对于这种不合理的法律无可奈何，只好时常这样勉励自己的孩子。

天刚破晓之际，东方初升的旭日揭开了一天的序幕：新的一天，象征着新的希望。草原的另一端出现了一位身材硕健的男孩，那就是乔治·华盛顿。

自从父亲去世之后，华盛顿为了上学方便就住到维克菲鲁洛城的奥古斯丁哥哥的家里。

华盛顿有个弟弟叫佳奇。一天，他对佳奇说："嘿！佳奇，我给你看一样东西好吗？"

说着，他便从衣袋里掏出了一本破旧的小册子。

"是诗吗？哥哥亲手抄录的诗吗？"

"不！是一些有关吃饭的礼貌以及应对长辈的态度等，多研究研究，对你绝对有益。"

佳奇翻开了第一页，上面写着：

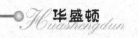

华盛顿
Huashengdun

● 在众人面前，不得与第三人讲悄悄话。

● 当他人站立时，不得私自坐卧。

● 当他人止步时，不得继续行进。

● 应该选择德行善良者为友，如果结交恶友，倒不如终其一生过着孤独的日子。

内容都是些处世名言。

然而，年幼的佳奇似乎对这些并没有太大的兴趣。佳奇转移话题问道："哥哥，你是否要和劳伦斯、奥古斯丁哥哥一样，到英国去留学？"

华盛顿摇了摇头说："不！不！我的学业成绩不是很理想，又没有足够的钱。因此，我决心放弃留学计划，选择一项较有前途的事业。"

"你是否想要加入海军？"

"不！如今我已放弃了这个想法，原先的确有这样的打算。当时妈妈也颇为赞同，并且，还亲自为我打点行装。不料，在出航的前夕，她却又临时改变主意，拒绝了我的要求，打消了我的这种愿望。"

"因为住在伦敦的乔杰夫·布鲁舅舅前天来信说，如果参加海军，不但薪水微薄，而且还要攀爬桅杆、洗刷甲板，整天像奴隶一样地苦干，又得学习殖民的辛勤开垦等。如果我真的加入海军，妈妈一定会天天牵挂，寝食难安的。"

"嗯，有道理！我也认为如果哥哥不参加海军，而和我们长久住在一起该有多好啊！"

兄弟俩一番闲聊之后，不知不觉已经走到奥古斯丁哥哥家附近了。

"哥哥，咱们再不快点儿走，可就过了吃早饭的时间了！"

佳奇说着便开始小跑起来。宅院里炊烟袅袅，隔着矮墙便可清楚地看见黑人女佣正端着热腾腾的菜肴，往返于餐厅与厨房之间。

兄弟俩急急忙忙地走进餐厅准备洗手进餐，二嫂走过来对他

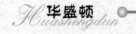

们说：“对了！今天劳伦斯哥哥来过。”

“哦，是吗？”

华盛顿兴奋得心跳逐渐加速，同时，也因为错过了和哥哥的见面机会而感到惋惜。 虽然，他对于二哥奥古斯丁的倾慕也是发自心底深处，但是，对于大哥劳伦斯更是由衷地崇敬。

劳伦斯大哥目前不仅是弗吉尼亚州的名士，当选了州议会的议员，同时还担任弗吉尼亚州的司令官之职。 在地方上已经是位赫赫有名的大人物了。

“大哥可能是在州议会开会之前，提早来到首府威廉·史帕克，或许他原本打算在此投宿一晚，明早再出发……”

三年测量师生涯

“华盛顿，最近的功课如何？拉丁文是不是有些进步？”见到弟弟后，劳伦斯关心地问。 可是，华盛顿却显出一副不屑的态度。

“大哥，我并不想效法英国绅士般地研读拉丁文，只希望做一个拥有独立人格、精神高贵的殖民地人民。”

当时，华盛顿非常沉迷于测量学，经常利用放学后，其他同学全都离校回家时，独自一人徘徊在校区，测量校舍及建筑物

华盛顿故居巴隆山庄

的外观，并且一一描绘出透视的结构蓝图。他所完成的工作，其精准度和正确性，几乎令人不敢相信是出自十四五岁小男孩之手。

正因为如此，所以"少年测量家"这个雅号早已传遍了学校的每一个角落。

"大哥，请你教我更深一些的测量学好吗？我对于呆板的教科书实在是毫无兴趣。"

华盛顿诚恳地请求着大哥，而劳伦斯也一本正经地倾听他的"肺腑之言"。

好不容易四个兄弟能够同时凑在一块儿，因此，今天这一顿晚餐显得格外可口。

"费尔费斯一家人近况如何？"奥古斯丁这样问着大哥。

费尔费斯是弗吉尼亚州的大地主，大哥劳伦斯就是迎娶费尔费斯公爵的女儿安为妻。当时，费尔费斯家在波多马克河畔建

起了一幢风格独特、景致宜人的别墅，并将其命名为"巴隆山庄"。

"对了！差点儿忘了告诉你们，巴隆山庄最近可真称得上热闹非凡，因为，费尔费斯的长子华盛顿·威廉本学期毕业于英国大学，暂时借住于此，而费尔费斯本人由于另一幢宅邸尚未竣工，也要来小住一阵。"

"咦！费尔费斯公爵不就是英国的大政治家吗？他竟然决定定居美洲？"

巴隆山庄一隅

"是呀！就因为他厌恶英国政界的混乱，所以，在原始森林中购买了土地，用来建造房舍，并且，他决定在死后长眠在这个没有喧嚣与纷争的新世界。"

劳伦斯又说："华盛顿，要是你也搬到巴隆山庄居住，就可以每天陪着公爵到森林里狩猎，猎狐的技巧可以说是公爵最为拿手的绝招了。"

华盛顿接受了大哥的建议，兴奋不已。

"华盛顿，其实我也赞成你顺其自然的求学态度，若是矫枉过正，反而会影响你的前途发展。而费尔费斯的长子就是专攻测量学的，若是你也搬到巴隆山庄居住，到时不就正好可以请教他了吗？另外，为了你的将来着想，我还希望你要努力学习西洋剑术、战斗策略等，日后必能成为我的最佳助手。"

华盛顿此时的心情，仿佛像征服了世界第一高峰般的喜悦，甚至已经进入了忘我的境界。

这是巴隆山庄，时间是午后 3 点。

山庄前的斜坡上种植着大片的芜菁。这时候，华盛顿正在一位黑人帮忙下，专心致力于测量工作。

"那不就是华盛顿吗？好像年纪还很小的样子。"

"是啊，他刚满 16 岁。"

"才 16 岁吗？真了不起！"

关于客厅里宾主之间的夸赞，华盛顿全然不知。测量工作做完之后，他收拾起工具，回家冲了个冷水澡，换好整洁的衣服便走进大厅。

大厅里，费尔费斯公爵正悠闲地靠在安乐椅上。将近 60 岁的老人身体依然健壮，他身材高大而瘦削，灰蓝的双眸、紧缩的双唇，处处显示出他那种独特的威严。

"嘿，华盛顿，你的测量工作似乎进行得十分顺利，把蓝图给我瞧瞧。"公爵对这位颇为投缘的少年说道。

华盛顿虽然只有 16 岁，但长得人高马大，一副大人的模样，显得远比实际年龄成熟得多；同时，又拥有与生俱来的率

华盛顿
Huashengdun

直、坦诚的性格，自幼就接受良好的家庭教育，所以，处世态度方面更是稳重得当，丝毫没有轻浮怠慢的行为。正因为如此，他始终没有被大人们以孩童的态度来对待。

"是很顺利，但尚未完成……"

华盛顿拆下制图版上的未完成作品，恭敬地呈递在费尔费斯公爵面前。

公爵一面从上衣口袋里掏出放大镜，一面连声称赞："嗯，好，画得好！"

公爵笑得几乎合不拢嘴，同时，公爵的大儿子威廉也是赞不绝口地指着蓝图说："画得真不错！这儿是南端牧场，这儿是台地，这儿是……画得太好了，既清晰又准确。"

威廉对于自己调教出来的"学生"，具有如此的才华，感到十分高兴。

"其实，华盛顿的测量技术并不比他的猎狐方法逊色。"

公爵笑得眼睛眯成了一条缝。

"对呀！这一次的希兰特溪谷测量工作，华盛顿必定是一位最理想的帮手。"

听着他们的谈话，华盛顿的心跳频率又加快了许多。

好一个梦寐向往的希兰特溪谷。这座大溪谷，是当时英国国王封给费尔费斯公爵的领土，却有许多冒险家纷纷拥入，并趁机加以开垦。测量溪谷的占地面积，就是为了确认费尔费斯公爵的土地所有权。

"测量工作果真可以带我一起去吗？"华盛顿问道。

"当然可以呀，如果你没有其他私事，八天之后，咱们就动身出发。"

对于 16 岁的小男孩而言，这的确是个极为难得的机会，尽管经常有人怀疑华盛顿的才能，但费尔费斯却并不在意。

于是，以年轻力壮的威廉为开路先锋，5 个人骑着马组成了"希兰特溪谷测量队"，朝着夫利列力库镇出发。当时是 1748 年 3 月，一个阳光和煦、鸟语花香的季节。

从小生长在新屯垦区的华盛顿，骑着马匹跋山涉水，长途颠簸，倒是轻而易举，颇能适应，不过这一次的行程却还兼具重要的测量任务，像探险般地深入人烟稀少的世外桃源。

进入希兰特大溪谷之前，必须先通过坡度缓和的峭壁峡谷，其间溪流湍急，河道弯曲，这样的景致好不迷人！所以，当地印第安土著将这山谷称之为"希兰特溪谷"（意为星星姑娘之意）。

第一天晚上，测量队一行投宿于一位名叫海特的拓荒者家中。

由于白天辛勤的测量工作，华盛顿显得筋疲力竭，到达海特家，便立即脱去外套，换上睡衣准备一觉睡到天亮。可是，外出的生活总是简单而困难，没有舒适的床铺，也没有软绵绵的枕头，他们只能够在铺满稻草的房间里席地而眠，深夜凉了的时候也只能再加盖一床破毛毡。

华盛顿苦笑着再穿上自己的外套，在这种不习惯的日子里，也只能随遇而安，学习其他人的生活方式。

这便是他荒野生活的第一次体验，不过，华盛顿倒是很快就适应了这样的艰难岁月。他为了自己将来前途的发展，尽力忍受着一切外来的困境和苦痛。

测量工作进行到波多马克峡谷时，气候出现了明显的恶化。一阵强烈的飓风袭来，每一声怒吼都令人胆战心惊；漆黑的夜空不断出现刺眼的闪电；狭窄的山谷间，轰隆的雷声震耳欲聋，圆珠般的雨滴打得人们面颊发痛。

"救——救命——救命啊！"

眼见印第安少年直往下沉，又听到他断断续续的求救声，华盛顿连忙将猎枪放在大岩石上，脱去鞋袜，奋不顾身地跃入满是漩涡的深渊之中。

奋力爬上岸边的华盛顿，全身猛烈地颤抖着，双唇也呈现紫黑色，但是，他却还紧紧地搂着刚从水里救起的那个印第安少年，希望借着自己微弱的"体温"，早些恢复少年的气力。

"喂！你好些了吗？"

"谢谢你，由于你的救助，我才能幸免一死。"

少年颤抖地回答着华盛顿，而且，似乎对刚才的危难心有余悸。他的英文说得虽不很流利，语气却充满了感激与诚恳。

"你家住在哪里？"

"就在那边……那边的森林里。"

"那就赶快回家休息吧，免得你的爸妈为你担心。"

华盛顿一面拧着湿漉漉的外套，一面叮嘱着印第安少年。

"我怎么能独自一人回家呢？我不敢。"

"为什么？难道你不认识路？"

"不，如果我自己一个人回去，爸爸一定会责怪我是个忘恩负义的人。对于你的救命之恩无法亲自酬谢，爸爸一定会生气的。"

"既然如此，那好吧！我陪你回去。"

于是，华盛顿和印第安少年肩并着肩穿过夕阳斜照的森林小径。

进入森林深处，树荫浓密幽暗，就连平日勇敢的华盛顿，此刻也不免觉得毛骨悚然。尤其当他猛一抬头见到以骷髅头为标志，成一横列的土著队伍时，灵魂几乎都要出窍了。

这些都是肆无忌惮砍杀人头的野蛮人……不！不！应该说他们是把砍杀人头当做一种享受，甚至，将人头数量的多寡优劣，视为竞选酋长的必备条件。

少年发出了奇怪的叫声，于是，土著们立刻改变原来那副穷凶极恶的态度。原来土著酋长正好是这个少年的父亲。

他们狂欢似的高声呼喊，围绕着救命恩人华盛顿，一路领着他来到部落。

也许是为了庆贺酋长之子的平安归来，不一会儿工夫，宽阔的广场便被打扫得干干净净，中央堆起了如山的柴薪，四周围满了土著。

这时候，一位头插鸟羽，穿着丁字裤的印第安青年从人群间跳了出来，他手执长矛，脚下踩着毫无规律的舞步，大跳起看上去怪里怪气的庆贺舞；与此同时，队伍里其他的年轻人也纷纷走到广场中央，扭着腰肢和臀部，又唱又叫，手舞足蹈。

熊熊的火光照红了每个人的面颊，尖锐的叫声和呐喊令人感觉有些刺耳，华盛顿更是全身起了鸡皮疙瘩。

印第安人

印第安人，又称美洲原住民，是除爱斯基摩人外的所有美洲土著居民的总称。据传在 15000～25000 年前由亚洲经白令海峡陆续迁入，分布在南北美洲。16 世纪前，多半尚处于母系氏族阶段，也有少数像玛雅、阿兹特克人和印加人等已形成早期奴隶制国家和有相当高的文化。16 世纪起遭欧洲殖民者的摧残和杀戮，发展中断，人口下降。现有 3200 余万人，主要从事农业。北美约剩 80 万人，大都被赶入保留地，生活艰苦。在中美和南美一般都受所在国统治者的歧视和同化。

由于历史原因，现在大多数印第安人都生活在偏僻的农村地区。和玛雅人一样，其他印第安民族也大都保留着自己传统的生活习俗。印第安人做饭时，仍喜欢使用质地粗糙的陶罐、石碗、木勺。有人生病时，他们采来草药，或将其点燃对病人进行烟熏，或煮汤为病人沐浴。他们至今喜穿富有本民族特色的传统服装。许多印第安人仍住在原始的房屋里。在尤卡坦半岛，玛雅人在树林中开出一块平地，就地取材，把粗树枝一根根固定在地上，围成一个大圆圈，把棕榈树的大叶子搭在上面，房子就盖好了。

印第安人相信"万物有灵论"，他们崇敬自然，对自然界的一草一木、一山一石都报以敬畏的态度。印第安人相当程度上已经被欧洲基督教信仰所同化，在今天，美国大部分印第安人信仰基督教，但印第安的原始信仰仍然存在，它与基督教相混杂，成为一种奇怪的宗教信仰。

刻有头像的印第安戒指

在大多数部落，部落酋长仅负责对外事务，主要是与联邦或当地政府打交道。部落酋长对外代表部落，但他的任命权在宗教领袖，他在对内事务上更要听命于宗教领袖。

由于这次事件，乔治·华盛顿意外地结识了印第安土著，这对他以后的政治生涯具有相当重大的影响。

每当河水高涨时，印第安人会立刻无条件地贡献独木舟，帮助他们顺利而安全地通过河面，得以继续溪谷的测量工作。

好不容易连续几个晴天，气候又转为恶劣，临时搭建的帐篷已经湿透，棉被浸了水又湿又重。在这种艰难的野外露宿日子里，生活上的点点滴滴便是日后最为美好的回忆。例如，有一次华盛顿因为昏然入梦，炭火引燃铺地的稻草，结果还是由于队友的帮助，他才从梦中惊醒而幸免于难。

将近两个月探险似的野外旅行，终于大功告成。测量队一行人于 4 月 12 日返抵巴隆山庄。费尔费斯公爵由衷地表示感激大家。

"怎么样？希兰特溪谷一行还满意吗？"费尔费斯公爵笑着

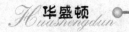

问华盛顿说。

"是啊！这完全是由于您的赏识，我才有这等荣幸。这次希兰特溪谷之行的确有很大的收获，至少，我已实际体验了测量工作的艰辛以及了解到测量的本质与真谛。"

"每一项学问都是如此，现在你已经可以独立作业了，而且，这一回野外测量工作，太阳又晒黑了你的皮肤，使得你看起来更成熟了。"

费尔费斯公爵在华盛顿所在的政府有关部门竭尽所能地为他申请了一份正式的测量师资格证书。

此后的三年时间里，华盛顿每天都过着忙碌的日子。

期间，费尔费斯公爵的副官缪兹教给华盛顿一种奇特的战术策略。劳伦斯大哥的同事布拉姆先生是一位荷兰籍的剑术高手，他也经常教华盛顿有关西洋剑术的技巧。

在劳伦斯和奥古斯丁两位哥哥的商量下，他们决定将华盛顿送往英国攻读大学课程，可是，费尔费斯公爵却极力地表示反对。

"为什么要把这位前途光明的青年，送到那种魔窟里去呢？若是前往英国留学，非但不能获得新的知识，反而影响了他原有的各项优势，这岂不是得不偿失吗？"这便是费尔费斯公爵坚持留下华盛顿的理由。

不久，费尔费斯公爵在希兰特溪谷建了一座殖民式的宅邸，命名为"绿路之园"，竣工之后随即迁入。每当华盛顿前去拜访他时，两人总是相邀一同进入山区狩猎。

"猎狐行动若是没有胆大心细和机敏的身手以及当机立断的魄力，就难以达到目的。"费尔费斯公爵对于这位讨人喜欢的少年，总是不忘随时启发。

华盛顿仍然花费他大部分的时间和精力，专心致力于测量工作。当时，美国荒野的开拓计划一直在积极地进行，需要测量的土地到处都是，而拥有正式测量师资格的人却是少之又少。所以年轻的测量师很受欢迎。

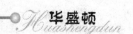

"每夜休息的时间不超过 3 个小时……"这是华盛顿写给友人一封信中的开场白。

　　"一整天忙着干活，收工回家时便蹲在火堆旁，虽然陈设简陋，地上铺的是稻草，偶尔能有件猎得的熊皮来覆盖。但是，大家都不计较舒适的享乐，男女老少都不分彼此地席地而卧……仿佛越接近火焰的人，越是世界上最幸福的人。大伙儿已经养成了穿着外套就寝的习惯，这并不是懒惰，事实上，露宿的生活凡事总期望能够方便、简单。"

　　正是这样勤奋地工作，使得华盛顿在不知不觉中已逐渐向西部拓展，而且，他正为着自己能够成为美国的先驱，不断地储备精力、学识及经验。

参加英法七年战争

　　自己不能胜任的事情，不要轻易答应别人。一旦答应了别人，就必须实践自己的诺言。

　　　　　　　　　　　　——乔治·华盛顿

华盛顿
Huashengdun

继承大笔遗产

"华盛顿，我们终于成立了俄亥俄公司。"刚从威廉·史帕克回来的劳伦斯大哥，急急地对华盛顿说道。

其实，这件事应该是说来话长。有一天，一位名叫库列萨布的上校，突然出现在弗吉尼亚州的首府威廉·史帕克，他的行径总是那么令人不可思议，所以，事情也就这样开始了。

库列萨布上校利用马车载满了堆得如山一般高的毛皮，来到了威廉·史帕克，巧遇之后，劳伦斯便开始倾听他在阿帕拉契山后俄亥俄河一带各种精彩、刺激的经历。

库列萨布上校几乎成了当地的支配者，进而组建俄亥俄公司，该公司属于开发性质。另一方面，他在伦敦也已经和溪伯利公司签订协约，将该公司所生产或经营的产品输入山区，与土著们进行毛皮交易。

劳伦斯大哥为自己的公司作了简单的介绍，而事实上，这并不是一个单纯的毛皮买卖公司。

当时，英国在美洲大陆东海岸开垦了广阔的殖民地，并且逐渐伸入内陆，已经遍及阿帕拉契山区，正有翻越该山脉向西部发展的趋势。然而，若是翻越阿帕拉契山则立刻会与法国的势力范围相交接。

法国当时拥有的殖民地，北至加拿大的魁北克，南至密西西比

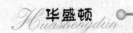

河口一带，在这范围以内的区域，便是新大陆开发的主要基地。法国政府一面从魁北克扩展到五大湖附近，日趋南下；另一方面则顺着密西西比河沿岸北上，两路交会处就是俄亥俄州。

　　如果全部掌握着俄亥俄河流域的话，法国的殖民地范围就会形成了带状的南北联系形势。到那时候，英国的殖民范围若是想要向西方伸展，必然会为法国固若金汤的带状范围所阻碍，想克服这座无形的铜墙铁壁并不是那么容易的。

美国俄亥俄州流域

　　于是，阿帕拉契山西侧，从五大湖到俄亥俄河流域间的广阔地带，自然而然成为英、法两大国相互争夺的黄金地段。也正因为如此，这附近一带时时充满着浓烈的火药味。

　　野心勃勃的法国国王路易十四，拼命地派兵屯驻该区，准备占领俄亥俄河流域。

屯驻美洲的法军人数约 8 万，而当时英国殖民地人口却有 100 万之多，两者是无法相提并论的，因此，只要英国殖民地人民同心协力，必可轻而易举战胜法军。但是，事实与想象的却并不一样。

法军人数虽少，但每一位士兵精神抖擞、行动敏捷，丝毫不敢怠慢疏忽。相反的，英国虽拥有百万殖民人口，但是毫无军纪和规矩，甚至可以说是乌合之众，对于本国特派行政长官的命令，多半是充耳不闻，阳奉阴违。尽管英国政府当局费尽心机但也无济于事。位于美洲大陆各州的英国殖民地，均设有独立的州议会，所以，有关殖民地的派兵问题以及供应军需品等都得征得殖民议会的同意方可行事。

而同样隶属于英国殖民地的弗吉尼亚州南部、宾夕法尼亚州、马萨诸塞州北部以及纽约州中部等地区，由于各地成立的背景不一，民情风俗各有差异，对于利害关系的见解也就大不相同。因此，在行动上，自然无法求得一致。

各州议会虽有明智的人士提出宝贵的意见，但若要确实施行却比登天还难。虽然经常完善地拟定了方针，但往往公布实施时，又会出现意见分歧。

事实虽然如此，但是，俄亥俄州的危机似乎分分秒秒地紧迫逼近，一刻也不能懈怠。倘若法军完成了占领俄亥俄州的计划，英国殖民地人民的处境就非常不妙了。

该怎么办呢？即使本国政府全力支援，也很难达成预期的目的，况且，各州殖民议会的意见又不统一。因此，以当时的情形看来，的确是需要一个保障英国殖民地未来前途的万全之策，以解除危机。

基于这项远大的目标，9 位股东合力创建了这个名为"俄亥俄"的开发公司。所谓"俄亥俄开发公司"，其创设宗旨就是突破英国殖民地的传统，作为向西方拓展的资本。

正因如此，俄亥俄公司成立之初，特地恳请英皇颁授俄亥俄河流域约 2000 平方千米的土地加以利用，主要目的是预计在以后的 7 年之间，将 100 名眷属移居此地，然后再修筑巩固的要所以，俄亥俄公司的主要经营项目，并不是单纯的毛皮买卖，换句话说，该公司的成立，对于这片新大陆的发展，英、法两国的胜负，起着具有决定性的重要作用。

劳伦斯大哥亮着碧蓝的瞳孔，向华盛顿作了上述的详细说明。

然而，天有不测风云，人有旦夕祸福，这位绝代的青年才俊此刻却不幸病魔缠身。

劳伦斯原本是一位身强体健的海军健儿，可是，在西印度群岛的航行途中，不幸患上了肺结核，当时由于停泊时间的仓促，加上事务繁忙，并没有彻底治疗，以致症状日趋严重，脸色苍白，两唇发黑，而且时有咳痰的现象。

"现在若不加以根本治疗，日后可就更难以痊愈。我希望你到百慕大岛静养一些时日，这样或许有助于身体的康复。"主治医师这样劝着劳伦斯。

1751 年秋天，华盛顿的大嫂安夫人临盆之后，显得虚弱不支，于是，代替大嫂照顾劳伦斯哥哥的责任，就落到这位从小就受哥哥呵护疼爱的华盛顿身上。当大哥准备前往百慕大岛就医时，华盛顿自然就跟随在身边。

经过了一个多月的海上航行，劳伦斯和华盛顿两兄弟终于到达了位于北大西洋的百慕大岛。

蔚蓝的天空，碧绿的海水，繁密的树丛中结满了不知名的累累果实，好一幅舒畅宜人的图画！这儿的空气清新、民风纯朴，一切都是那么可爱。

可不幸的事情又发生了。刚到百慕大岛还不到两星期，原本负有看护病人责任的华盛顿抵不过病菌的侵袭，竟然感染了严重的天花。幸好，当地医药十分发达，对于病患的照顾也颇为周到，大约经过三周的疗养，身体已大致痊愈，但是，染患天花的华盛顿却在脸上留下了终生无法弥补的凹凸疤痕，他几乎成了十足的"大麻脸"。

虽然外表丑陋，只要劳伦斯大哥的结核病得以痊愈，华盛顿就感到心满意足，哪还会计较外表的丑与美？

可是，来到百慕大岛就医的劳伦斯，经过一段时间的治疗，不但病情毫无起色，反而有日趋恶化的现象，脸色显得憔悴而苍白。

"华盛顿，你陪着我远来百慕大岛就医，可真忙坏了你！这样吧，你搭乘下一班船回家去，尽快将你大嫂和侄子们接来。我想见他们最后一面。"劳伦斯皱着眉头这样说道。

华盛顿便马上动身返回故里。船行途中，遭遇狂风暴雨，船只就像枯叶一般漂流在浩瀚的海面上。

"多么无情的海浪啊！不知已吞噬了多少无辜的生命。"华盛顿伫立在甲板的一隅，凝视着澎湃汹涌的大海，喃喃自语道。

1752 年 11 月初，冬天的脚步很明显地走近了，寒意笼罩着广阔的美洲大陆，在首府威廉·史帕克的街道上，一阵马蹄声响，驾驶着马车的就是乔治·华盛顿。

不久以后，劳伦斯大哥就紧握着爱妻的双手与世长辞，结束了他 34 年的短暂生命。

"你大嫂和侄子，请你代为照顾，其他未完成的事业以及俄亥俄公司的职务，也全权委托你了。"大哥临死之前，只留下了这句遗言。

刚刚年满 20 岁的华盛顿，当时感觉肩上的负担日益加重。依据大哥遗嘱的内容，劳伦斯所拥有的土地及巨额财产，当由其子女继承。在子女未成年之前，华盛顿是法定监护人；若子女因故死亡，则由华盛顿依法继承。

没想到，劳伦斯唯一的幼女在父亲出殡后不久，也不幸因病夭折了。那么，劳伦斯的妻子安夫人又怎么样了呢？

由于她不久即将再婚，表示不愿意经营这一片需要开拓的土地，希望折算为部分现金，然后每年领取收成时的红利。因此，年轻的华盛顿便意外地获得了巴隆山庄的所有权以及土地、财产的继承权。

此外，华盛顿还继承了俄亥俄公司的事业，并且，继劳伦斯大哥之后，被任命为陆军少校，同时被指派为弗吉尼亚四军区之一的北军区司令官。

1773 年的北美殖民地

冒死投递劝告书

华盛顿这位年轻的新任少校，接受任命之后随即迁入首府威廉·史帕克。 当时的弗吉尼亚州大都为英国农村式的建筑，唯有威廉·史帕克稍具都市的型态。

首府威廉·史帕克有州长宅邸、州议会、州政府、州法院、军区司令部等，当然还少不了有一所科系不够齐全的大学。 此外，州内的名流仕绅在这大都市里也都拥有自己的寓所，因此，"社交界"在当地十分受到重视，俱乐部、饭店、餐厅、酒店等极为兴隆。

华盛顿停住马车，眺望着街道尽头处那座宽广的州长宅邸，次日一早，丁威迪州长就要接见这位新上任的少校继承人了！

"华盛顿先生，恭喜您！"

华盛顿听了这句祝词，猛然回头一看，原来是立契蒙市著名建筑师巴洛上校的大公子。

"华盛顿先生，下午如果方便的话，请您驾临威拉蒙餐馆，让我们共同为您举杯庆贺一番。"

"谢谢你，巴洛先生。"

华盛顿从此跃入政坛，成为各界瞩目的人物，并且，还广泛结交了各阶层人士为友。

傍晚时分，他如约前往威拉蒙餐厅。 当华盛顿走进餐馆的时候，许多名士都过来一一打招呼，彼此自我介绍，他们大部分都是劳伦斯哥哥生前结识的朋友，但并不是每个人都对他表示由衷地敬佩和关爱，甚至有人私下还怀疑他的才能。 尤其是州议员巴威尔先生更是显得尖酸刻薄，每次交谈时总是话中带刺，冷嘲热讽。

"怎么样？俄亥俄公司繁忙的业务，你有能力胜任吗？这一类的事业总免不了担风险，没有经验的人是招架不住的。 那些法国人、宾夕法尼亚人、印第安人等，都应该将其视为公司的劲敌才可。 地方的行政长官似乎也很有兴趣干涉开发公司的业务，像我们这样爱好和平的殖民者，岂不是要卷入毫无价值的战争之中吗？"

巴威尔先生的口气充满着责难与不满。 华盛顿并不理会这些外来的中伤，翌日清晨就去州长官邸拜访州长。 丁威迪是一位弃商从政的政界人物，他也是俄亥俄公司的股东之一。

当华盛顿向他提起巴威尔议员的一席话时，丁威迪州长脸色大变地说："既然法国都想要以武力来争取这个地方，我们更应该彻底联合英国各殖民军同心协力准备迎击。"

同心协力正是当务之急，但是，英国各殖民地的人民都不知道共同利益和共同敌人究竟是什么。 他们只是一味地相互猜忌、彼此倾轧。

果然不出丁威迪州长所料，法国的琉肯侯爵于 1753 年春，将 1500 名兵士移驻到伊利湖畔的布列史库艾鲁，一面建筑防御要塞，一面开垦广阔的大森林区，最后，终于扩建了从阿列卡尼河通往俄亥俄河的道路。

凡是有远见的人都能感觉出俄亥俄地区已经面临着严重的危机。丁威迪州长感觉大事不妙，立刻十万火急地向英国政府报告了详情。而英国方面也迅速有了答复。

"法国若是还要继续侵略俄亥俄地区，首先应当以委婉的态度劝告他们自动撤退；如果他们置之不理，或者坚持不变，就必须下达命令，以武力予以击溃。"

虽然英国国王已经发布了这项指示，但是，要呈递这一份劝告书却非易事。

当时已是秋末初冬的季节，雨季即将来临，河水不久就要凝结成坚硬的冰块，交通将因此受阻，路途难行。而且，蛮荒的森林里，倾向于法军的土著人为数可观，若想完成任务，这一段行程将是十分坎坷艰辛的。

丁威迪州长曾经派遣一位名叫托连特的上尉去完成这艰巨的使命，然而他却在途中不知为什么打了退堂鼓。

正当丁威迪州长忧虑没有适当人选时，有一个人说道："长官，请让我去试试看吧！"这样毅然恳求担负此项任务的人，竟然是年仅 21 岁的少校乔治·华盛顿。

"你能够完成吗？"

华盛顿虽然年纪很轻，但是，他已被任命为北军区的司令官，过去三年之间一直担任测量师，所以，他的名声早已传遍各边境地区。此外，由于他经营俄亥俄公司的开发业务，对于国境地方的形势，自然是了如指掌。而且，在他沉着敦厚的处事态度基础上，却又不失勇猛果敢的精神，的确是个不同寻常的人物，州长对他也略有了解。

"你如果真决定担负起这样艰巨的使命，虽然是单枪匹马却抵得上百万大军了。好吧！一切都拜托你了。"

"阁下，请放心，其实，这也是我的荣幸。"

当华盛顿即将动身的那一天早上，费尔费斯夫人打趣着说："华盛顿，就凭你单枪匹马，能够使那帮蛮不讲理的家伙撤

华盛顿
Huashengdun

退吗?"

"夫人,事情当然没这么简单啊!"

华盛顿表面上一本正经地回答,暗地里却做出了以自己的生命为赌注,即使牺牲生命也在所不惜,无论如何一定要将劝告书送达法军司令部的决定。 随后他便跃上马背,一面挥帽道别,一面朝着林荫大道出发。

费尔费斯夫人目送着华盛顿的背影,并且喃喃地赞叹他的英勇精神,说:"也许从今以后便是华盛顿的新生,命运将会把他引领到更高更远的境界,使他有更为美好的前途。"

破晓的曙光染红了环绕在维鲁士湾周围的荒丘,整装待发的华盛顿从帐篷里走了出来。

这时候,一位戴着毛皮帽子的白人迎面走过来。他就是俄亥俄公司三年前雇用的员工之一,长期担任俄亥俄州勘查工作的拓荒者基斯得。

"少校,昨天刚下过一场暴雨,道路泥泞,而且山上一定积满了厚厚的霜雪,这样的气候是否需要变更行程呢?"

宰杀下金蛋的鹅——当时反映英美
关系的漫画

"假使变更行程,你认为气候可能好转吗?"

"我怎么敢肯定呢?"

"那么,咱们就出发吧!"

大约过了 30 分钟,载着行李的 7 匹马在准备就绪之后便从宿营地出发了。 这一行人除了华盛顿和基斯得之外,还包括在巴隆山庄教授西洋剑术的荷兰籍老师布拉姆先生以及担任土语翻译的列比得逊4人。他们一路上披荆斩棘，开辟新道路。饮食方面则由3位雇佣负责。他们经常变换着口味，有时猎得山鸡，有时则钓到河里的鲜鱼。

一行人冒着暴风雨直向罗帖鲁山的险道前进，路上尽是被强风吹倒的巨木，常常挡住了他们的去路。

当他们来到莫洛卡荷拉河的塔多鲁湾时，便由基斯得带路前往俄亥俄公司特设的森林小屋——北方观测所。可是，出人意料的是，该观测所竟然被一位名叫约翰·凯鲁的法军军官所占领，并派有军队屯驻于此。由此可见法军早已占领了这一带。

华盛顿见到这种情形，一时目瞪口呆，几乎不知所措。过了一会儿，稍稍镇静之后，他心想，无论如何一定得和法国将军约翰·凯鲁进行谈判。于是，这一行人便鼓足勇气朝着森林小屋走去。这时候，一位印第安人骑着马跑过来对他们说，森林里有许多强悍的土著部落都归顺于法军旗下了，你们得多加小心。

"这么说来，我们更不能有丝毫疏忽和松懈了！"

华盛顿听取了印第安人的劝告，不再去森林小屋了。但却又不肯改变自己的原则，于是便领着这一行人一直前进。

一路上，由于河水高涨，马匹无法涉水过去，因此只好将货物和马匹一起利用竹筏及独木舟顺流而下。他们很快就到达了莫洛卡荷拉河与阿列卡尼河的交汇处——俄亥俄河流域。

直到太阳下山之后，他们才到达名为洛布斯城的印第安人部落，本来想向酋长询问些当地的情势，结果发觉法军好像已经在俄亥俄地区修筑了两座大小不同的要塞，较大的位于伊利湖畔，较小的则位于夫连基湾。两地相距大约20千米，运输交通工具完全依赖马匹。

于是，华盛顿直截了当地向酋长吐露了此行的最终目的，并且表明即将与法军将领谈判，只希望酋长能够助以一臂之力，使他们早日完成使命。不料，酋长听他这么一说，顿时之间显得目光呆滞，脸上毫无表情。

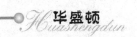

弗吉尼亚的一个印第安人村庄

　　"哎！我们干脆再找其他的部落磋商吧！否则可就要耽误大事了。这些人显得非常胆怯；一直不敢贸然行事，仿佛是招惹不起略居上风的法国军队。"

　　如果不能得到印第安酋长的协助，就根本无法顺利地进行这项计划，仅凭白人单薄的力量是绝对不够的。

　　正当大伙儿发愁之际，第四天清晨，森林中传来一阵急促的马蹄声。

　　"是白雷来了。"大家异口同声地嚷着。

　　"白雷"就是附近一带最具势力的酋长。走近一看，这位酋长正轻快地跃下马来，华盛顿瞪大了双眼说：

　　"你不就是……"

　　华盛顿兴奋得说话都有些结结巴巴。

　　"哦！原来是你……"

　　白雷就是华盛顿当年担任测量师时，在湍急的河流中救起的那位印第安少年的父亲。

　　这真是奇遇！在这势单力薄的荒郊野外，能够巧遇白雷酋长，简直是上天在保佑。

　　"白雷酋长，目前我身负重任，而且必须尽快完成，今后还要有劳您多多照顾。"

"好的，请尽管放心吧！"

由于白雷酋长从中斡旋，只花了几天的工夫，其他部落的酋长们便完全赞同了他们的行动。

又经过了几天恶劣的气候，跋涉一段满是泥泞的羊肠小道，他们这一行人才到达伯朝格城。只见被法军占领的俄亥俄公司所属的监护站，竟飘扬着法国国旗。

走进监护站，三位法军将校正玩着桥牌。华盛顿问道："请问队长是哪一位？"

其中一人回答说："我就是，我负责指挥俄亥俄地区。"

这样不慌不忙作回答的人，正是被称之为第一等国境阴谋探测家的约翰·凯鲁上尉。

华盛顿迫不及待地告诉他自己身负的使命——呈递英皇的亲笔劝告书。

"好吧！既然如此，邻近的要塞中有位司令官，你们亲自去向他报告吧！不过……"约翰·凯鲁上尉满脸不悦，语气也是爱理不理的。

"不管情势如何恶劣，我们一定要将俄亥俄区夺取过来。或许英军的确可以派出两倍于我军的兵力，但是那些毫无纪律、行动散漫的英军，又怎能打败我们的军队呢？"

当天晚上，约翰·凯鲁上尉如此自我安慰着自己；并且决定设宴款待各部落的酋长们，目的是想借此机会把他们拉拢为自己的力量。

印第安土著人

印第安人的特性就是讲义气，约翰·凯鲁上尉企图以宴席中的醇酒来笼络他们。

正当约翰·凯鲁上尉极力劝酒的时候，白雷酋长却说："这片土地为我们所有，而英国人就是我们的兄弟。即使我们全军覆没，也要和英军站在同一阵线的，我们绝不会改变这项原则。"

白雷酋长丝毫不为所动，表明了自己的坚定立场。尽管约翰·凯鲁上尉一再地劝诱，也丝毫无济于事。

不久，白雷酋长恼怒地叱责道："贵国曾经派遣使者前来我的部落协调，还订立了绝不侵略的协约，如今我们来到此地，却感觉出整条街道上充满了血腥味，这难道就是你们法军的杰作吗？你们还有什么话可说？"

白雷酋长一面怒气冲冲地嚷着，一面脱下颈间的贝壳项链退回给上尉。

在印第安的风俗中，退还双方互赠的纪念品，即表示"绝交"之意。显然，约翰·凯鲁上尉的计谋是彻底失败了。

华盛顿一行自从出发以来，已经是第四十一天了。这段日子里饱受冬雪的侵袭、骤雨的淋洒、狂风的吹掠，翻越海拔 800 米的高山，涉渡深不可测的急流险滩等，他们终于在克服各种困境之后，到达了法国军部的要塞。

要塞坐落于伊利湖南方大约 20 千米的地方，这是坐落在宽阔的广场周围的四幢高大楼房，四面八方均以三米高的栅栏围起，厚而坚的墙壁上凿有枪眼孔，看来的确是固若金汤，令人不敢轻易越雷池一步。

该要塞的法军司令官是两鬓斑白的桑·皮耶鲁将军。他以十分亲切而和蔼的态度来迎接这位年轻的特使。

尽管他的接待态度非常诚恳，但关于最重要的英皇亲笔劝告书，却固执己见不愿接受。他认为司令官没有这份权力，必须转交总督大人请他决定。显而易见这就是他为了推卸责任而找出的借口。

然而，华盛顿却也不认输地极力辩解，希望能够圆满达成任务。经过若干次机智的发问以及固执的答复，老将军终于拗不过年轻人，只得勉为其难地答应了华盛顿的要求。

老司令官最后说："敝国日后的复函内容，必定能够遵照各项正统的礼仪，至于撤军一事又当别论，尤其从阿帕拉契山脉到西方大陆之间的领土，自然应当属于我国所有……"

"谢谢你，那么，我们得告辞了。"年轻的特使站起身来说。

这位老司令官表面上十分冷酷，其实，心地倒是善良敦厚而可亲的。当华盛顿一行人即将离开之前，他还特地在他们的渡船上装载了许多醇酒和干粮，面带微笑地为他们送行；不过，他一再表示，法国绝不会依约撤军。

英皇的亲笔劝告书已由桑·皮耶鲁老司令官代为转交。华盛顿的任务已完成了一大部分，不料回去的路程比去的时候更为坎坷。

天气的恶劣不利于行动，夫连济河的水位不断增高，狂风呼呼怒吼，浮冰的撞击声不断作响。华盛顿等一行人所搭乘的独木舟，好几次险些因为触上岩礁而沉没，船身摇晃不定，就连马匹似乎也由于晕船而大声嘶喊。

"迫不得已，咱们只好跳水了！"

说完，华盛顿便率先"扑通"一声跳下水去，接着其他人也一个接一个跳了下去。他们一面紧拖着独木舟，一面顾及船上装载的货物，好不容易才渡过了又冷又急的河流，由于河水的冻结，有的时候还必须扛着独木舟走在坚冰之上，或者通过长长的峡谷。

任何艰难的环境似乎都难不倒雄心万丈的华盛顿，但是，重重的难题却接二连三地烦扰着他。当他们一伙人到达柏朋格城的时候，白雷酋长却在一次意外中受了伤，不能再和他们结伴同行了。

"这样吧！你们继续前进，别为了我而耽误行程，但是，此

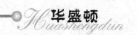

在河流中艰苦行进的华盛顿

后所遇到的土著，几乎都是蛮不讲理的家伙。 如果有我同行，当然没有问题，遗憾的是我身体状况已不允许，无法再继续护送你们了，请多保重！"白雷酋长那双颤抖的手紧紧握着华盛顿叮嘱着说。

从柏朋格城出发之后，道路更加险峻，驮着帐篷和食粮的马匹显得疲惫不堪。

寒意逼人，雪花纷飞，就连树枝头似乎也有些负荷不了积雪的样子。 驮马的脚印零乱不整，可见其体力透支已经到了很严重的程度。

"嘿！布拉姆老师。"

华盛顿沉思许久之后，终于下定了决心，猛然地回头叫住剑术老师布拉姆先生。

"我必须尽快赶回去向行政长官报告这项任务已经完成，所以，我要从森林中的捷径赶回去，驮马及所有货物就拜托你了。"

华盛顿
Huashengdun

于是，当天晚上，华盛顿更换了深黑色的衣服，肩上背着干粮以及一把小手枪先行离开。和他同行的只有基斯得一个人。

走了一段路程，已到夜半时分，两人便捡拾一些干枝枯叶引火取暖，并且就地而眠。

当他们到达印第安"杀人族"领地时，深为这不祥的族名所担忧。虽然准备偷偷地经过此地，但是却没躲过"杀人族"的窥视。穷凶极恶的族人一呼百应，一会儿便群集于华盛顿和基斯得身旁。

"糟了！情形不妙！"

华盛顿立刻想起白雷酋长的警告，"杀人族"也许是归顺于法军的部落吧？

"你们是不是徒步而来的？什么时候从柏朋格出发的？"

"是的，由于途中道路险阻，走了好久才到达此地。"

"那么，马匹是尾随在后面吗？大约什么时候可以到达？"

"可能稍微慢个一两天吧。"

对于这样琐碎的盘问，华盛顿感到十分厌烦，对答时当然也就显出一副不耐烦的神情。族人们似乎已经觉察出来，只是没有点破罢了。彼此虚应一番之后，华盛顿就在该部落中雇了一位族人作为向导。这位土著连一句话也没说，背起了华盛顿的行囊便大步向荒草满地的山间小路走去。

这样马不停蹄地持续走了 15 千米的路程，原本体魄强健的华盛顿，此时也变得面无血色，四肢酸软。

"今天咱们就在此扎营吧。"华盛顿这样说着。

带路的土著却大为惊讶地说："这怎么行呢？距离此地不远处就有归降法军的土著部落。他们都是野蛮人，若是在这里生火扎营，一定会被他们发现，说不定咱们的性命就保不住了。如果你感到很疲倦，让我来替你拿着枪支，你振作起来，打起精神往前走吧！"

"算了，我还能拿得动枪支！"

在这充满杀气的蛮荒地区，枪支就是白人唯一的防卫武器，机警的华盛顿岂肯将它轻易交给他人保管呢？

不久，他们走出浓密的森林，来到一片广阔的空地上。离开了幽暗的树荫，呈现在眼前的是一片开朗的气象，向前眺望，可以看见一座规模庞大的牧场。

突然间，那个领路的土著趁华盛顿不注意时，夺取了他腰间的手枪。华盛顿猛然回头一看，只见他已扣动扳机，"砰"的一声枪响，华盛顿随着枪弹的声响俯卧在冰雪所覆盖的地面上，身体却没有受到伤害。

基斯得和华盛顿同时回头瞪着领路土著，可是，土著却早已隐身在一株巨大的树后，正准备再发射第二颗子弹。

华盛顿和基斯得眼见情况危急，连忙躲进草丛里，悄悄地匍匐到那个土著的身旁，一把将他逮个正着。

"可恶的家伙，宰了他吧！"

基斯得再也无法忍受心中的怒气，凶煞般地瞪着这个土著。可是华盛顿却向基斯得使了个眼色，然后不急不缓地对带路者说："刚才你开枪的目的是不是由于道路辨别不清，故意开枪作为信号？"

华盛顿故意这样问他。但是，带路者却表现得若无其事，满不在乎地回答说："是又怎样？"

"果真如此，那么你先回家休息吧！我实在太疲倦了，走都走不动，今晚我决定就在这里生火露宿，明天早上请你帮我送些肉食来。"说完，华盛顿就塞给他一些充饥的干粮。而这个土著拿起干粮，头也不回便鼠窜而去。

基斯得在一旁凝神倾听他奔跑的脚步声，直到他消失为止，随后便同华盛顿继续赶路。无论身后有没有追击者，哪怕多走一千米路程，对他们来说，就能增加一些安全感。

就这样匆匆地赶了一天一夜，两人拖着疲惫的步伐来到阿列卡尼河畔。

"糟了！基斯得！"

华盛顿看了看河面，几乎完全冻结，主流还有巨大的浮冰，正互相撞击而啪啪作响。

在无可奈何的情况下，他们只能企盼明天的气候能够好转些，于是，两人就在岸边度过了始终不能合眼的漫长之夜。

天刚破晓，晨曦微露，两人立刻拿起了小斧头砍竹子。花了将近一天的工夫，简陋的竹筏总算大功告成。当竹筏下水的时候，已经是夕阳西沉的黄昏时分了。

两人不顾天色的昏暗，乘上竹筏朝着对岸驶去，然而，尚未到达河流的中央，竹筏却被顺流的浮冰所阻碍，弄得两人进退两难。

华盛顿费了九牛二虎之力，使劲地撑着长竿，可是，流水却更加显得湍急激荡。

当华盛顿硬撑着长竿时，不料，"啪"的一声巨响，华盛顿被弓形的长竿弹落在冰冷的河水之中。

"这样太危险！基斯得，咱们还是游泳过河吧！"华盛顿在河里这样喊着。随后，基斯得也跃入河中，两人共同游向小岛。他们就这样得以化险为夷，避过了又一次的危机。

登上岛岸之后，两人已全身湿透，四肢僵硬得无法动弹。唯一值得庆幸的是，在这孤岛上，可以不必担忧任何印第安部落的侵袭。

翌日清晨，基斯得登上岛屿的最高峰，情不自禁地高声欢呼——为了危机的解除，欢呼！

享受了一阵子轻松的喜悦后，他们又要准备出发了。当天气候并没有好转，浮冰持续不断，连一点儿空隙也没有。不过，这次倒不必再为交通工具伤脑筋了，两人小心翼翼地踩着浮冰到达了河的彼岸。

同法军的森林战斗

17 54 年 1 月 11 日，在贝鲁波亚的费尔费斯宅邸，宽广的大厅里欢声雷动。

有人从二楼的窗口眺望着林荫大道叫着："看！那就是华盛顿少校，就是华盛顿呀！"嚷叫的声音里夹杂着兴奋的雀跃。

凯旋而归的华盛顿

果然，大步走进厅堂的人正是衣衫褴褛的华盛顿。他上身披着破烂的兽皮，面颊和唇边长满了又浓又密的胡子，显然是好久没刮了，脸上透露着历经风霜后的疲惫不堪。

"平安归来就好，咱们马上为他开个庆功宴。"

费尔费斯公爵这样宣布说。可是莎丽夫人却连忙阻止说："不行，现在华盛顿最需要的是洗个热水澡以及充分的休息或睡眠。还是早点让他睡觉，设宴和庆功的事情，明天再说吧！"

听莎丽夫人说完，华盛顿笑着回答："明天，这怎么可以？明天我得前往威廉·史帕克拜访州长阁下，尽快将法军司令官的复函交给他。"

华盛顿少校的冒险经历很快地传开，获得了弗吉尼亚州各界人士的好评。他对局势做了精确分析，法国积极修筑要塞和碉堡，甚至增兵、开路、拓荒等侵略意图也更加显而易见。

　　丁威迪州长有鉴于此，立即召开州议会。征收军事费用主要的来源是将租借给人民的公有土地一律征收租金，借以作为军费之用。

　　而事实上这一项提案并没有获得附议，州议会不同意支付此军费款项。脾气倔强的丁威迪州长根本不等州议会的决议如何，就毅然决定命令华盛顿率领百名民兵，实施防卫俄亥俄州的计划。华盛顿崭露头角的日子似乎越来越近了。

　　华盛顿开始着手新兵的募集工作，但是，召集而来的"新兵"中大部分是为了混口饭吃的无赖，或者是无家可归的流浪汉，甚至有些是沿街乞讨的叫花子。若要将这群乌合之众训练成精良的军队，恐怕比登天还难！

　　后来，由于州议会也感觉到俄亥俄州的危机四伏，危险日益逼近，终于决定挪出一万英镑作为军费。有了这一万英镑基金，足够将四百名士兵送上战场。同时，华盛顿也被提升为中校，并被任命为边境战役的总司令官。可是，他却谦虚地表示："我年纪还轻，恐怕没有能力胜任。"并极力推荐夫莱上校担任总司令官，自己则退居副司令之职，担任先锋队长。

　　"华盛顿竟然升为中校了，他应该算是最年轻的中校了。"

　　"可不是吗？他的确具有胜任中校的能力。在弗吉尼亚州内，几乎找不出比他更优秀的战术家。"

　　"可是，仅凭他那股微弱的力量，以临时招募的民兵去面对训练精良的法军部队，岂不是玩命吗？"

　　当众人谈论之际，华盛顿正巧来到了费尔费斯官邸。

　　"华盛顿，我们正在谈论有关你的事呢。"

　　"是吗？我终于得到了出发的命令。"

　　"哦！你将举兵屯驻俄亥俄州，什么时候起程？"

　　"大约一个礼拜以内吧。"

　　果然，4月2日那一天，华盛顿率领着仅有的两纵队的一百六十名民兵出发了。但是，这次的行动似乎又慢了半拍，原先计划要抢先一步制服法军，不料，法军竟已抢先乘船到达了荷库

华盛顿率领民兵进军俄亥俄州

斯港。

华盛顿开始显得有些急躁，经过仔细研究，决定从维鲁士湾开路前进。 不过，这项决定的确是件艰难的工程，砍树、铲岩、架桥、辟道……直到5月下旬，这一行人仍然无法越过阿帕拉契山。

"法军部队拥有充裕的粮食和薪饷，要塞里又堆满着武器弹药，他们不需要披荆斩棘地开道辟路，调防或出击时又有渡船作为交通工具。"在一旁发愣的布拉姆喃喃自语。

实际情形确是如此。 法军充分利用阿列卡尼河来运送军需品及物资，已经大致完成了琉肯要塞的修筑工作，兵力已由500人增加到1400人之多，至于是否真会演变成战争，却是人们无法预料的事。

"出发吧！"

华盛顿不甘示弱地率领着民兵，决定从维鲁士湾开始进军。

一个下着细雨的黄昏，华盛顿率领部队摸黑行进。 当他们熬过了沉寂的深夜，正值东方破晓之际，印第安酋长指着前人留下的脚印喊着："你们看！"

只见地面上留有沾着鲜血的脚印，经过判断很可能是法军遗留下来的，由此可见敌军不久前曾经来过此地。

华盛顿心想，若是能够不费一枪一弹活捉敌军岂不是大快人心！于是就率兵潜伏在草丛里，一步一步慢慢向前逼近。

"砰——砰——"

突然，一连串激烈的枪声从岩石缝里以及树丛之间发射出来。华盛顿身旁的一位民兵中枪倒地，还有三位民兵也分别身负重伤。

"开始射击！"

华盛顿一声令下，顿时枪弹齐发。

在大约 15 分钟的枪战时间里，仿佛一切具有生命的物体都停止呼吸，只顾着该如何征服对方。最后，法军终于自乱阵脚先行撤退。

法军队长裘蒙布在枪战时中弹身亡，其他 21 名士兵均成为华盛顿军的俘虏。

被俘虏的法军士兵曾经极力地为自己的身份辩白，说他们都是英国政府派遣的谈判人员。但是，这种话华盛顿怎能听信呢？尤其在战死的队长衣袋中搜出了法军司令官的命令书。

华盛顿丝毫不加理会，连忙向州长呈递报告。大致内容如下："……如果照他们所说，裘蒙布负有和平任务，那么，为何率领三十名武装士兵呢？为何在炎热的 5 月间隐身杂木草丛之中？为何十万火急地派兵前往琉肯要塞求助？……"

同时，华盛顿也写了封信给住在巴隆山庄的弟弟佳奇："这一回森林战斗，我连一点外伤都没有，但是，我身旁的士兵却有一人壮烈牺牲了，这是因为我们不懂得如何隐蔽的缘故。除了一位战死的士兵以外，其余则负伤累累。当然，我也听到了敌军中弹的呻吟，虽然其哀号声令人心惊，却又觉得兴奋不已。"

两天之后，基斯得匆匆忙忙骑着马赶来报告说："夫莱上校因病亡故，政府任命华盛顿中校为司令官。"

华盛顿
Huashengdun

对于这样重大的责任，华盛顿只好默然地承受了。反正事情已经到了这种地步，究竟两军孰胜孰负？除了一决雌雄外，别无他途。

当局势最动荡之际，他深入法军阵地之中，独自率军奋战于荒山野地，好不容易将兵力增加到 300 名之多，但是，部队封闭在荒野中的乃歇西济要塞，根本无法获得正规的训练，而且军饷微薄、弹药匮乏，这一切都是走向胜利的障碍。

反观法军，尽管阵地狭窄，但无论兵源数量、训练、伙食均远在英军之上。装备方面有大炮，弹药充足，且能不断补给军需以及增派援军等。

尽管法军的阵容强大、防守坚固，但华盛顿却始终没有撤退的意图。他仍然鼓足勇气向州长报告说："我有十成的把握能够以极少数的兵力，面对敌军强大的阵容。虽然这样的战事何时结束无法预期，但若是敌军敢于侵犯，我军必将奋力迎击，赴汤蹈火在所不惜，以防卫自己的领土。如果阁下获悉我军败北的消息，请别责怪我们，即使战到一兵一卒，我们也绝不投降。我们决心要奋战到底……"

误签投降书

乃歇西济要塞的正式攻防战，终于在幽暗的黑夜里爆发了。令人毛骨悚然、心惊肉跳的枪炮声响彻云霄。修筑于各山之间的要塞不断地射出炮弹，枪械的射击更造成了弹雨的景象。可是，敌军巧妙地运用了隐蔽战术，一个个躲藏在山岩或树木之后，连一丝踪影也看不见。

"射击！"华盛顿激动地下达命令，可是，目标究竟该瞄准何处呢？大伙儿均不知该怎么办，在这伸手不见五指的漆黑夜

在华盛顿率领下战败的军队

晚，只好以敌方射击后的袅袅白烟作为目标。

第二天午后，突然下了一场暴雨，双方都没有因为大雨的来袭而停火，相反的，展开了一场更激烈的枪战。修建于谷底的要塞已经完全浸在积水中，全身湿透的士兵仍然一面擦拭面颊上的雨水，一面奋勇应战。

临近傍晚时分，勇敢善战的华盛顿竟也感到有些手足无措了。

城壁的周围遗尸累累，粮仓已起火燃烧，军需品和食粮付之一炬，弹药殆尽，大炮也无法再落到主要的目标，被水浸湿的枪支更是英雄无用武之地。

这时候，略居优势的法军正一步步地逼近。不过，意志坚定的华盛顿仍然毫无退缩之意。

"到这种地步，咱们只好和他们进行肉搏战了。"他这样果断地安排了此后的应对办法。

夜晚 8 点左右，号角突然响起，在倾盆大雨之中，有个举着白旗的法军走了过来。

"喂！你来的目的是什么？"虽然战况对己方不利，华盛顿却仍然不失大将风度，以十分严肃的态度盘问着法军的特使。

"我特地前来劝你们投降。"

"投降？绝不可能！即使剩下一兵一卒，我们也要奋战到底。"

"可是，我们并不喜欢毫无意义的屠杀，我们只是为了占领要塞罢了。"

"你的意思是要我无条件交出我军要塞吗？"

"正是如此。"

"那么，投降又另当别论是吗？好！咱们不妨仔细地商量商量。"

于是，投降谈判也就变成了"转让要塞"的交涉。经过一番磋商后，布拉姆上尉临时充当英方代表，在暴雨之中三次往返于两军阵地之间，最后终于将"转让要塞"的条件顺利完成。

互惠的条文内容是以法文书写，布拉姆上尉在雨中往返，那份条约书早已浸湿破损，后来，只好以口述方式予以翻译。

室外下着暴雨，放在弹药箱上的烛台，发出微弱的光芒耀动不已，这种晃动的光线使得华盛顿整理文件的工作更为吃力。

布拉姆上尉将要塞转移的条件，用不甚流畅的英文一项项表达出来，华盛顿及手下部将个个都凝神倾听。

协约书的内容大致如下：

英军不必成为俘虏，全体士兵均可携带武器，高举军旗，一面演奏军歌，一面从要塞中慢慢撤退。但是，以前被英军俘虏的法军必须全部释放；此后一年的时间内，阿帕拉契山至西方领土之间，不得再建造任何要塞或碉堡。

"好！"华盛顿听完之后便满口答应。同时，目光在所有部将的脸上巡视一遍，每一位部将也都默默地点头。

于是，华盛顿拿起钢笔签名。可是，他万万没有想到在这样优厚的条件之中，竟然隐藏了一枚无形的炸弹。条约书上有一条是这样的："英军必须将以前谋杀袭蒙布队长时所俘虏的士兵逐一释回。"

为何敌军将领比利耶特意注明此一条件呢？因为，比利耶就是当时森林战役中战死的法军队长袭蒙布的同胞兄弟。比利耶知道弟弟当时的确肩负着"和平"的使命，不料竟死于英军的枪弹之下，所以，他决定在这条件协约书中布下这一枚无形的炸弹，借以为自己的胞弟报仇。

可是，翻译官布拉姆上尉在疲于奔命的情况下，竟然将"谋杀"二字译为"战死"。

翌日清晨，华盛顿及其部将虽然内心沉痛，仍然打起部队军旗，步伐整齐地撤出要塞，华盛顿率领着衣衫褴褛、满身污秽的残兵败将返回威廉·史帕克。

经历了这一次乃歇西济要塞战役，华盛顿才真正体会出"行万里路胜读万卷书"的道理。实际的经验与课本上所说的是不尽相同的。实际的经验需要灵活运用；课本上的只是死的理论。

一面自我检讨，一面效法他人的华盛顿，当然也负起了战败的全部责任。总而言之，在他内心有着一份深深的歉疚。可是，当他去见州长时，却受到丁威迪州长意外的安慰和鼓励。

"恭喜你平安归来，华盛顿先生。"他紧握着华盛顿的手说，"战败固然是遗憾，但并不可耻，请别自责！你能够如约地遵守军纪，保持我军最高的荣誉，我仅代表英国政府向你致以最深厚的谢意。"

丁迪威州长随即又压低声音说："另外，还有件事一直难以开口。由于这次的失败，英国本土各界议论纷纷，所以，不久以后便要增派援兵前来助阵。"

听了这一番话，华盛顿心中的愁云惨雾稍稍得以化解。尤其当他告辞步出官邸的大门时，民众们以欢迎凯旋的将领一般来欢迎他，不断对他喝彩欢呼。

华盛顿
Huashengdun

这位败军之将一直受着最优厚的礼遇。然而好景不长，不久，比利耶将军在条约书中所安置的无形炸弹终于爆发了。

★★★★★★★★★★★★
★资料链接★
★★★★★★★★★★★★

法国印第安人战争的爆发

这场殖民地所参加的战争起源于 1753 年，法国人开始在当时属于弗吉尼亚州领土的俄亥俄谷地建立许多堡垒，这是法国人的战略之一。

法国人得到当地印第安人的支持，试图阻止英国人继续向西扩张他们在美洲的殖民地，并阻挡殖民地内的英国军队。弗吉尼亚州的州长是罗伯特·丁威迪，当时担任少校的华盛顿替他向法国指挥官递交了最后通牒书，要求法国人离开。华盛顿将过程透露给当地的报纸，而他也因此成为传奇人物。但法国人拒绝撤离，因此在 1754 年，丁威迪派遣了刚升迁中校的华盛顿率领弗吉尼亚第一军团，前往俄亥俄谷地攻击法国人。

华盛顿率领军队伏击了一队由法裔加拿大人组成的侦察队，在短暂的战斗后，华盛顿的印第安人盟友族人杀害了法国指挥官，接着华盛顿在那里建立了一座堡垒，但在数量更多的法军和其他印第安人部队进攻下，这座堡垒很快便被攻陷，他也被迫投降。投降时华盛顿签下一份承认他"刺杀"了法军指挥官的文书（因为这份文书用法文写成，华盛顿根本看不懂）。而这份文书导致了国际间的事变，成为法国印第安人战争的起因之一。这场战争也是七年战争的一部分。

华盛顿
Huashengdun

中校降为上尉

有关条约书的签字，不仅仅在弗吉尼亚州盛传，就连全美各殖民地也都纷纷议论着。尤其欧洲地区更是大肆渲染。荷兰报纸也登载着英军枪杀和平大使的消息，并采访一些学者专家，把他们的批评及责难一一刊登出来。

法国外务大臣则公开表明：在文明各国之间，谋杀和平大使就等于是侮辱最神圣的权力……

面对有关这一质问，英国殖民大臣答复说：本国必定严惩嫌犯！

华盛顿听到这样的消息，愤懑不已，马上前往弗吉尼亚州议会挺身作证，打算为自己辩白。

"他们哪是什么和平大使？只不过是在混战中阵亡的敌军，怎么可以说是'谋杀'呢？"华盛顿详细地说明了当时的情形，丁威迪州长更是尽力为他辩护。军中同僚也一个个指出法将比利耶的阴谋诡计，他们异口同声地赞扬华盛顿的英勇果敢。

另外，在宾夕法尼亚州有位名叫富兰克林的人，公开地把事实真相发表于各大报章上。他以"华盛顿是个年轻有为的青年绅士！"作为大标题刊登的文章吸引着大批读者。

事情真相大白之后，华盛顿不但没有受到任何处罚，反而在州议会间获得了"华盛顿真了不起，能够以寡敌众，应付一切逆境"这样的好评，人们对他表示由衷地敬佩。同时，为了国境的安全，州议会决定支出2万英镑，英国政府也决定支出1万英镑作为军费。这对于当时殖民地国家而言，算是破天荒的待遇了。

这样，华盛顿胸中的郁闷总算得以化解了。可是，在这同时，丁威迪州长却铸下一桩不可收拾的大错，即把边境一带的弗吉尼亚民军，改编为 10 个各自独立的连队。

对于军事事务仅仅一知半解的文官，竟然毫不考虑地做出这样的决定。如此一来，所有民军的军官便无法再晋升高于"上尉"的官职，而且，还必须直接隶属于正规军将校的指挥之下。

北美洲殖民地的民兵

同时，华盛顿也由于一时人为的疏忽，使原本享有"勇敢中校"的美誉，突然之间被降为"上尉"军衔。

肩章上的星数减少，虽然并没有造成太大的影响，可是，对于军人而言，军衔是象征个人的荣誉，而荣誉又是每个人生命的全部。

况且，对自尊心比别人更要强烈的华盛顿，只要稍稍关系着他的名誉或威严的事，他总是耿耿于怀，并铭刻在心。

"这种做法是不公平的！"他愤懑不已地高声抗议，"对于全体弗吉尼亚人都是一种侮辱，为什么民军的将校总要处于英国任命的士官之下呢？"说着说着，他的语气更显得慷慨激昂。于是，便毅然向上级呈递辞职书，脱离军政界返回了故里。

回到巴隆山庄之后，他并没有因此过上安逸的乡居生活，边境地区的局势正日趋险恶，愁云惨雾笼罩着家乡的周围。

"恐怕激烈的战争就要爆发了。"华盛顿似乎已经预测到了欧洲及北美洲未来的局势。

事实上，1755 年初，法国即展开了侵略俄亥俄州的野心计划，并增派 18 艘军舰以及 6 支连队悄悄地由加拿大登陆。

当英国政府获悉此惊天动地的消息时，立即派出强大的舰队迎敌，同时紧急输送两个连队的正规军朝弗吉尼亚方向行进。

不仅弗吉尼亚州本身的兵力，就连大西洋彼岸的英国主力大军，也纷纷为了讨伐法军而出发。因此，英、法两国大军在俄亥俄州荒野一决胜负的日子就要来临了！

事态紧迫，国家的命运正在这危急存亡之间挣扎着。一向热衷于国事的华盛顿，虽然早已向弗吉尼亚州政府递上辞呈，并且远离一切军务，可是，在这样动荡不安的局势之下，却无法袖手旁观置之不理。

在夜色苍茫中，华盛顿跃上马背朝向贝鲁波亚的费尔费斯宅邸赶去。

这时候，莎丽夫人尚未就寝。

"莎丽夫人，你可知道布拉洛库即将率军攻击英国殖民地的事吗?"

"我已经知道了，英军方面已决定全力防御法军的侵略，你是不是很高兴呀?"夫人笑着这样说。

"谈不上什么高兴不高兴，本国政府竟然到这个节骨眼儿才发觉国境的危机日益逼近，实在是令人遗憾！"

"我相信将军一定会再把你召回军中服务的，因为再没有比你对于边境形势更了解的人了，英军很需要你，国家也更需要你。"

华盛顿有些受宠若惊，他羞红着脸，喜滋滋地笑着说："英军到底需不需要我，我并不清楚，但至少丁威迪州长是最了解我的人。将本国主力军调派到美洲大陆驻防，就是他个人努力的结果，这点我很敬佩他。"

这时候，莎丽夫人站起身来说："其实，我也很敬佩你的特殊才华，请把过去所有的误解一笔勾销吧！从现在开始就和正规军同心协力克服难关，这将是你生命旅程中的转折点。"

寂静的夜晚，华盛顿和莎丽夫人的交谈融洽而投机，在这下霜的日子里，殖民地的钟声敲响了，越过山野，传遍河谷……

"别忘了，这亲切的殖民钟声象征着我声声的叮咛，也就是告诉你新的一年又已来临，一年之计在于春啊！"

琉肯要塞争夺战

站在巴隆山庄的阳台上向外眺望，只见挂满了英国国旗的军舰和运输船，正缓缓地航行于波多马克河流域间，甲板上堆满了各类武器，这就是布拉达克将军所率领的两连队本国主力军，正准备从亚历山大登陆。

华盛顿在蒙默斯战役中身先士卒、冲锋陷阵

前些日子，布拉达克将军曾经到美洲大陆勘察地形，他眼见战区即将设防于荒山野地，心有所感，于是极力推荐熟悉边境形势的华盛顿为参谋长。

华盛顿虽已辞去弗吉尼亚民军司令职务，但这一次特地聘请他担任参谋长，却是一项不可抗拒的军事命令。

每天的清晨时分直到半夜三更，华盛顿和布拉达克将军总是不辞辛劳地骑马四处巡视，为了督导拓荒工程，为了清点军费支出，为了……里里外外张罗，忙个不停。

数周之后，华盛顿到夫利列力库镇的英军军营报到，立即换上了笔挺的正规军服。

当时，布拉达克将军曾经邀请居住在费城的本杰明·富兰克林先生前来游访，华盛顿当然也因此与富兰克林结识为友。

来访期间，恰巧遇上飓风的侵袭，而喜好创新和新鲜玩意的富兰克林先生，不畏强风和骤雨正独自一人惬意地放着风筝，由于淋湿的丝线接触到电流，使他发现天上的闪光可以发出电力。这位富兰克林先生就是当年华盛顿被蒙上"谋杀者"罪嫌疑时，首先在报章杂志上公开为他澄清的辩护人。

正在修改《独立宣言》的富兰克林

在一次隆重的招待会上，布拉达克将军正两眼炯炯发光，注视着云集的贵宾。其中包括马萨诸塞州、纽约州、马里兰州、宾夕法尼亚州、弗吉尼亚州等行政长官和议会的要员，并且正一一向他们说明作战的计划和策略。

"首先把军队分为 3 支，夏雷行政长官所率领的支队，由尼加拉瀑布进攻，主要目的在于截断敌军与西方要塞的通路。裘桑上校所指挥的支队，全力攻击法军占领了 24 年之久的昆布兰高原。我则亲自率兵突袭西方的荒野，借机攻克琉肯要塞。大致的计划就是如此。"

富兰克林在一旁倾听，然后开口说："这样缜密的计划的确不错，但是，还必须提防印第安人埋伏的部队，他们是奔驰于山野和森林的原始人，在你们所率领的军队运送武器弹药时，千万不能利用小路前进，若是遭遇埋伏部队的攻击，岂不像是断了线的纸风筝，前后不继吗？"

华盛顿虚心地接受了富兰克林的建议，他认为这是战略上一项重要的启示。

记得从前背驮九发炮和粮食翻山越岭时，那种艰辛真是难以形容，如今，率领这支重装备的大部队应该如何安排行进呢？还是改道宾夕法尼亚较为妥当些。因为从宾州前往西部地方的道路早已开通，沿途谷物和牲畜都很充足，军需供应就不用操心了。

华盛顿根据亲身累积的经验，屡次向上级建议，可是，将军却丝毫不予采纳。

"不！你对于军队行军的要领完全不了解，那些粗暴的野蛮人，对于美洲民军来说的确会构成威胁，但是，如果遇着我们这样训练有素的正规军，我相信他们是不足为患的。"布拉达克将军狂妄自大地着说。

他虽是一位身经百战的沙场老将，然而却由于过分地自信，始终不愿接受别人的忠告和进言，这种固执的个性就是他战事失利的最大原因。

"我相信琉肯要塞绝对不能再维持 4 个月之久，然后，我再将阵线转往尼加拉瀑布，所到之处攻无不克……"布拉达克将军以骄狂的语气说着。

不久，军队就开始浩浩荡荡地出发了。当时，身着红色军装的英军，个个显得神采奕奕，而佩戴刀剑的将军们那雄赳赳气昂昂的英姿，气宇轩昂，好不令人羡慕！

各自分路进军之后，当布拉达克将军带领部队行进到维鲁士湾时，他突然发觉选择此条路线是绝对地错误。

翻山越岭的行军，诚如华盛顿所说——艰苦而难行。尤其是一阵暴雨过后，山路更是泥泞崎岖，负载极重的马车若要沿山路而行，谈何容易！

马车队不是落于行列之后，便是显得凌乱不堪。为了防备队伍与马车脱节，只得将队伍分散开来，一面继续行进，一面垫后管理车队。

"这种前后不继的现象，万一印第安人埋伏部队从中袭击该怎么办？"华盛顿想着想着不禁后怕起来。

"华盛顿中校，你真是足智多谋，一切情况完全在你预料之中。"

尽管顽固而自傲的布拉达克将军此时担任蛮荒地区的作战指挥官，似乎也领悟出这样的战况与欧洲平原战役乃是截然不同的两回事。

华盛顿考虑了很久，又向将军建议应该把车队留置在后，只派若干名士兵看守，其余则以轻便而重要的战斗装备朝向目的地进军。这一次，将军接受了华盛顿的进言，点头允诺。

就在这紧要关头，华盛顿却感染了严重的热病，热病最明显的症状就是头部剧痛。

"哎！再这样拖延下去是不行的，说不定会有危险，你还是安心静养，别再忧劳军政大事了。"布拉达克将军摸着华盛顿那烫手的额头说。

"可是，阁下……"

"不！别再多说什么，我的话就是命令。"

既然是"命令"，华盛顿也就不好再强求，不过，他还是紧抓着将军的衣袖，眼光注视着欧姆参谋官说："我希望以将军的人格保证，当军队准备攻击要塞时，请务必事前通知我一声，可以吗？"

欧姆参谋官在一旁连连点头表示同意。

"我如果不能参与要塞攻击任务，倒不如死了还痛快些……"

1775年7月8日，英军主力部队终于行进到距离琉肯要塞

英军行军时的情景

大约 16 千米的地方。

　　"总攻击任务明天就要开始了，今天准备让大伙儿举杯预祝明日的胜利，你来得正巧。"

　　翌日破晓之前，英军精神焕发地向着目标前进。华盛顿虽然身体尚未复原，仍然勇敢地抱病上战场，加入到英军的参谋行列。

　　"阁下，如果预测的不错，敌军就屯驻在离这不远处。咱们先派遣前锋部队进行侦察如何？"熟悉荒野作战的华盛顿向将军进行建议。然而，将军对此却置之不理，任凭军队在空旷的原野上行进。

　　大约午后两点钟，前方突然传来一阵激烈的枪炮声。

　　"前进！"布拉达克将军下达了进攻的命令。

　　既然不采纳他的建议，华盛顿心想自己所预期的灾祸恐怕就要来临了。

　　轰隆隆的炮声继续不断，从中可以感觉到前锋部队早已受到意外地攻击。

　　"是法军和印第安的埋伏部队。"

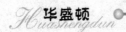
华盛顿
Huashengdun

情况已经如此紧急，凯兹中校仍然镇静地命令部队采取战斗行列。 而兵士们只好怀着犹豫徬徨的心情，调整着凌乱不堪的队伍。

不见踪影的敌方埋伏部队，正分布于隐秘的山崖树丛之间。想要判断他们埋伏的位置，只能够从他们魔鬼般地嘶喊以及枪弹发射后的缕缕白烟中得知。

双方逼近之后，枪战更是激烈，很多将校及士兵均已负伤，凯兹中校也已中弹。

"如果能够明确掌握敌军藏身的位置，当然可以加以歼灭。可是这种不明目标的射击，岂不是在浪费弹药吗？"负伤的士兵一个个咬牙切齿地抱怨着。

怨言大都出自主力军口中，至于历经边境荒野战役的弗吉尼亚民军，则灵活而敏捷地分散在树荫和草丛之间，以便确实掌握埋伏部队的战场要点，这样稍稍遏止了敌方的攻击。

"阁下，这便是蛮荒地区主要的作战策略，正规军也应该采取这种行动，方可战胜对方。"

尽管华盛顿如此中肯地建议，无奈将军仍是固执己见，兵士们只好遵守他所惯用的"欧洲战术"，按照他的命令而不破坏阵势。 在他认为，命令部下挺身于旷野间应战，便是一项"马到成功"的策略。 其实不然，当他布下如此军阵时，士兵们却一个个都成为伏兵射击的靶子。

再英勇的兵士也不甘心做这种无谓的牺牲。 他们本能地躲藏在树林和草丛间，然而，将军却大声斥责他们是胆小鬼，并拔出剑套敲打士兵的脑袋。

此时，英军的阵势已呈混乱状态，长官的指示犹如耳边风，士兵个个惊慌失措、自乱阵脚，除了无法瞄准目标之外，有些甚至被自己人的子弹射伤或击毙。

森林里蛮族的嘶喊声在回响，经常有满脸画着奇怪图案、头上插有动物羽毛的印第安人出没其间。

"阁下，干脆咱们派遣弗吉尼亚狩猎队来攻击敌方藏匿在森林中的埋伏部队吧？"华盛顿压抑不住激动的情绪，又再度向将军建议可行的方略，这次将军终于接受了。

可是，当狩猎队上场时，却被主力军误认为是敌军，结果很多人死于自己人的枪弹之下。

然而，唯一处变不惊、冷静沉着的人就是华盛顿。他的耐力真是令人称奇。当时，欧姆和莫里斯两位参谋官分别身负重伤，全部的军事责任完全落在华盛顿一个人身上。

他自从背负起战事的重担之后，每天忙里忙外，东奔西跑，骑着马通知部将，再骑着马报告上级，还差点中了敌军暗算的子弹，所幸的只是疲于奔命的战马被击毙。

虽然战况这般紧急，布拉达克将军依然伫立于旷野中，为了想挽回败局而拼命地高声喊叫："不要跑！不要跑！赶快回头吧！敌军就在那边！"

突然间，一颗敌军的子弹穿过将军的右臂射入到他的肺部。身经百战的老将军，从战马上跌了下来，血流不止，史鸠瓦尔上尉见状立即将他抱起。身负重伤的布拉达克将军很快被护送到弹药车上，迅速运往后方。

自从激烈的战斗场面展开之后，英军似乎还不曾遇着这样惨败的景象。

敌方拥有 900 兵力，其中 600 以上是印第安人，其余的少数部分则为加拿大人和法国兵士。仅以这样的兵力，竟然能够把1300 名英军打得抱头鼠窜。

英军方面眼见局势恶劣，纷纷舍弃了枪弹、大炮及军需品等，由马厩里拉出马匹奔窜逃亡，将校们也大都中弹殉职，再没有指挥大局的统帅了。

英军所拥有的 86 位将校之中，死的死，伤的伤，1300 名精锐兵士，最后仅剩下了 500 名。

布拉达克将军正在接受治疗，原本骄傲自大的他，如今说话的语气变得非常低沉。

由于这次惨痛的经验，使他表现得与从前判若两人。他气喘喘地对华盛顿说:"华盛顿中校,还是你说得对,我很感激你代我率军应战。"他缓缓地伸出无力的双手,紧握着华盛顿不放,似乎欲言又止。

就这样一面斥责英国正规军的不中用,一面赞扬弗吉尼亚民兵的勇敢,没过多久,这位叱咤风云的沙场老将就魂归西天了。

临危受命

盛夏的一天。

一位骑马的传令兵正由卡玛兰特要塞赶往费城。当地政界和财经界的名流士绅等齐聚在州长官邸,为的是要听取布拉达克将军作战的消息。

他们对于华盛顿的英勇精神赞佩不已:"真是一个勇敢的年轻人。一个足以信赖和寄托的年轻人。他可以担负起重责大任,或许他身上流淌着贵族的血液。"

布拉达克将军败北之后,严重影响了美洲殖民地人民的心理状态。似乎整个士气都受到了影响,连后方支援部队也纷纷将大炮捣毁、车辆破坏、食粮及火药投入河中,然后争先恐后地逃窜无踪。

按理说,指挥后方军阵的拉布玛上校应该留在卡玛兰特要塞继续集中兵力来反击对方。事实上,人们一看情况紧急,每个人都舍弃要塞不顾,逃的逃、跑的跑,一溜烟地冲向菲拉列鲁菲亚,就连拉布玛上校也无心恋战了。

另一方面,朝尼加拉瀑布进攻的夏雷行政长官率领的支队,也未等建立战功就开始打退堂鼓。至于裘桑上校所率领的支队,曾经好不容易在华盛顿湖畔攻破敌军阵地,但是,最重要的昆布兰高原之战却又出师不利,既定的国境守卫计划终于全盘

北美战士携带的用来装火药的牛角

失败。

历经一番苦战，浅尝胜利滋味的法军迅速蜂拥至俄亥俄地区。又由于英军的撤退，印第安土著更是肆无忌惮，将所到之处财物掠夺一空。

究竟有谁愿意挺身来守卫这危机四伏的边境地带呢？大家在考虑这个问题的同时，所有的眼光均投注在华盛顿身上。因为，大伙对他那英勇的精神一直是敬佩不已。可是，战场上的疲惫使得他的热病再度复发，脸色也苍白了许多。

"虽然军队马上又要出发到蛮荒地带，但我认为这也无济于事。况且，你的身体状况欠佳，暂时不要再为国家大事操劳了，好好保养，等健康恢复了再说。"

莎丽夫人虽然对华盛顿予以很大的希望，但是，华盛顿的健康情形却令她日夜牵挂。

"可是，夫人，你不知道呀！目前山脉附近的殖民地已经陷入困境，就连费尔费斯公爵的周围也已受到威胁，这样严重的国境危急状况我怎么能置之不顾呢？"

由于果敢的决心，华盛顿仅仅以几百人的兵力，计划防卫大约560千米长的边境线，这在一般人看来几乎是绝对不可能的事。

8月14日，弗吉尼亚州议会将华盛顿提升为上校，并且决定任命他为弗吉尼亚民军的总司令官，凡是华盛顿所提出的建议，都一一被采纳。

为什么年纪轻轻的华盛顿，能够拥有这样的人气呢？ 关于这点，绝不是由于他曾经有过辉煌的战功，相反地，他从没有战胜的记录。 他之所以深获人心，反而是由于他战败的结果，这真是令人不可思议！

　　由于华盛不断地接受战役的考验，他始终以坚韧不拔的精神和英勇果敢的行动突破一切困境。 这就证明了华盛顿的耐力高人一等，那种不屈不挠的精神令人钦佩！

　　这期间，边境地区的混乱情势越来越严重。

　　"分分秒秒都必须珍惜，现在就得出发！"于是，华盛顿就率领着仅仅四百名的兵力，悲壮地朝着"死亡战场"前进。

　　到达边境地区后，他发现当地的居民惶惶不安。 围绕在华盛顿身旁的女人们无助地哭泣着，高举双手拼命向华盛顿求救的男人们恳切地哀求着……

　　"既然我已经来到此地，你们就别再担忧。 我将尽力保护你们的生命财产。 即使不幸捐躯也在所不惜，请你们放心。"

　　华盛顿虽然如此鼓励着当地的居民，但是，距离募集新兵的组织正式成立还需要一段相当长的时间。 何况，募来的新兵还需要新的装备、完整的武器以及严格的训练等。

　　处于这样的非常时期，唯独费尔费斯公爵仍秉持坚韧不拔的至高情操。

　　费尔费斯公爵的宅邸修建于希兰特溪谷间，是标准的森林地带，对于善用埋伏战术的印第安土著而言，这是个最佳的攻击目标。

　　"危机迫在眼前，请赶快搬到城镇去吧！"部将们劝着公爵，可是他却坚决要留下来。

　　"我已经年迈体衰，无论是被印第安人的斧头劈死，还是因病去世，都是生死由命，听凭神的安排。 你们都还年轻，想做些什么事，就不要犹豫不决。 如果我离开此地，想到这一大片辛勤开拓的田园将再变为蛮荒地带，我将于心难安。"

　　费尔费斯公爵把当地的佃农、猎人、樵夫等齐集一起组成自卫队，屯驻在那片广阔的土地上。

沉溺在这样危险的空气中，司令官华盛顿更坚定地要成立"国境防护军"。但是，州议会却蓄意拖延经费的拨付，就连付出的薪金和粮食也经常中断，而且往往是朝令夕改，没有原则。

华盛顿身为上校，却远比英国正规军上尉的地位低。尤其是中队长甚至不认为他是自己的上司，而且，正规军的将校也以轻蔑的态度对待当地百姓。

这种不平等的待遇并没有使华盛顿沮丧退缩，他终于组成了一只将近 1900 人的弗吉尼亚部队，而且，还有 700 名印第安人加入。

和富孀缔结良缘

5 月，是一个格外绚烂的季节，但是任何地方都不及弗吉尼亚州绮丽。

山野、树林、田原都笼罩着一片新绿，五颜六色的花朵争奇斗艳地绽开着。

1758 年，在弗吉尼亚州 5 月里的乡间小路上，华盛顿带着一位侍从乘坐马车，正准备前往威廉·史帕克与丁威迪州长的接替人佛盖亚先生磋商军政要务。

途中，巧遇一位名叫张伯仑的绅士。

"华盛顿上校，请你到寒舍吃个便饭，务请赏光啊！"

既然是热诚地邀请，若是加以拒绝，对于当时的社会而言，是一种很不礼貌的行为。所以，华盛顿便如约前往了。

当天晚上，前来张伯仑家的宾客之中，有一位名叫玛莎·卡斯蒂斯的年轻寡妇，艳光四射，风度脱俗。自从丈夫卡斯济士先生去世之后，她便领着两个幼子为夫守寡。

"这位是我的好友华盛顿先生，你认识吗？"张伯仑先生为双方简单介绍。

玛莎微微一笑，频频点头。这位守卫美洲边境的著名司令官华盛顿先生，他那响亮的名字在弗吉尼亚州早已是家喻户晓了。

当华盛顿的目光与玛莎相接时，就觉得有种莫名的吸引力，几乎使他无心再浏览其他的景物。窗门外，侍从毕修普把玩着马鞭在等待着。毕修普可以说是华盛顿的心腹侍卫，他们曾经在布拉达克将军率领的战役中同甘苦共患难，是一对死里逃生的老战友。他等了许久仍不见主人华盛顿的踪影，在问明原因之后就只好准备在张伯仑宅邸留宿一晚了。

吃完晚餐，华盛顿和玛莎天南地北地聊得正起劲，忽然有一位黑人女佣推门进来，左手抱着可爱的婴儿，右手则牵着活泼的小女孩。

"哇！来！来！华盛顿上校，这就是我的两个宝贝。"

生性喜爱孩子的华盛顿，很快就和名叫芭蒂的小女孩以及名叫杰克的男婴成为好友。他把杰克抱在膝盖上逗乐，两个可爱的孩子也好奇地玩弄着华盛顿军服上亮晶晶的纽扣以及威武的军刀。

"叔叔，你要用这把军刀杀死印第安人吗？"

"不！叔叔不会做这样残忍的事，不过，你看……"

乔治·华盛顿的妻子，美国第一夫人

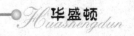
华盛顿
Huashengdun

说着，华盛顿就将剑鞘上的弹痕展现在芭蒂眼前。

"这就是枪弹的痕迹！"华盛顿一面笑着说，又一面凝视着玛莎的神采。心里暗自想着：这样的年轻寡妇和孤苦幼儿，的确需要一位身强体健的保护者。

第二天，当他到达威廉·史帕克时，在行政长官官邸门前遇到了朋友尼可拉斯。

"瞧你还是专心致力于军事要务，为何不拿出些精力来充实你的感情生活呢？"尼可拉斯打趣地说着。

华盛顿略感惊异地说："我也正有此打算。我到这里来的途中曾去拜访张伯仑，在他家遇到一位年轻貌美的女士。目前她迫切需要精神的慰藉及实质的帮助，就像我迫切追求爱情和家庭一样。"

"好极了，她的芳名呢？"

"玛莎·卡斯蒂斯。"

华盛顿和玛莎·卡斯蒂斯的婚礼

"哦，是她呀。她是这儿最为富有的年轻寡妇，性情温柔，很重感情，而且气质高雅，风姿绰约，可算得上是著名的美女呢。"

尼可拉斯也为朋友的艳遇感到兴奋不已。

"我可要提醒你哦！想追求玛莎小姐可不能有丝毫怠慢，向她求婚的人几乎排成长龙，可千万不能让别人捷足先登啊！"

华盛顿频频点头微笑。于是，他接受了友人的劝告，待下次见面的机会立即向玛莎展开追求的攻势。

不久，华盛顿终于如愿以偿。玛莎小姐接受了他的求婚。

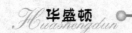

他们的婚礼举办得盛大而隆重！

在此期间，英、法两军的战役正紧张地展开着。

领导英军获
得战争胜利

1758 年，威廉·彼得就任英国首相。 自从彼得就任之后，立刻着手美洲军政的改革。 他是一个有见地的大政治家，不但让美洲殖民军和英国正规军享受相同的待遇，并且完全由政府供给武器、弹药、帐篷、粮食等。 至于政府任命的驻军将校，也赋予和正规军将校同等的指挥权，从此，殖民军的士气大为振奋。

彼得首相改革美洲军政的目的，是为了洗雪以往的战败耻辱。他将远征军分成三路，展开庞大的攻势，向琉肯要塞出发。

华盛顿获悉这个消息后，兴奋不已——令人振奋的琉肯要塞总攻击战役终于开始了！

冬天的脚步近了，前往琉肯要塞的路程是 80 千米的森林狭道，如果遇上雨雪纷飞的日子，军队的行进可就困难重重了。 因此，华盛顿便主张加快行军的步伐。

英法战争中的华盛顿

在一个下着小雨的午后，华盛顿和两位将校正站在帐篷前商谈对策时，有一列拿着铁锹、举着锄头和枪支的队伍走了过来，他们就是华盛顿所指派的"先锋修路队"。 当他们经过司令官的面前时，一一举手敬礼高声欢呼。

"哎！真可怜！我竟然连一双鞋子都没有能力供给他们。"华盛顿感叹着说。

"可是，司令官，你不是已经供给他们每个人一套笔挺的军服了吗？他们还经常以这套新军服为荣哩！"副官马沙安慰着华盛顿。

其实，军服问题早已向州议会申请，但是却始终无法获得回复。在不得已的情况下，只好向印第安人租借镶有红边的布料加工缝制而成。这种临时的军服既保暖又耐穿，虽然稍有褪色，反而有助于森林中的行进，不易为敌军所发现。

很快，他们就要逼近琉肯要塞了。可是，不知何故敌军却一点儿反应都没有，平常这座声势浩大的要塞，如今却显得格外静谧安详。

"报告司令官！要塞附近一带连一个人影儿也没有。"

"那么，卫兵呢？"

"连卫兵也不见了！不过，奇怪的是沿着要塞四周外墙经常有幽灵出现！"

华盛顿听后不禁哑然失笑。"你这傻瓜！这是人类世界，怎么可能有幽灵的存在？是不是你们看花了眼？"

华盛顿尽管表面上否定了部下的报告，心里却暗自怀疑为何每每在古堡的遗迹中，总会有"亡魂"及"幽灵"的传闻呢？尤其是敌军的要塞，这更让他纳闷不已。

"好吧！我亲自出马去看看。"

华盛顿率领着少数的士兵，悄悄地逼近要塞。赫然发觉每隔5分钟、10分钟，就有一个奇怪的身影走出要塞。

有一位穿着希腊服饰、身材魁梧的女人从要塞走了出来。当华盛顿揉了揉眼睛，准备看个究竟时，那位壮硕的女人早已消失得无影无踪。

接着，又有一位衣衫褴褛的乞丐走了出来，瞬间也不知了去向。

第三次出现的又是一个装束奇异的女人，于是，华盛顿偷偷紧跟在后。当他猛然抓住那位行动鬼祟的"女人"时，惊讶地发现，这根本不是什么幽灵和亡魂，其实都是男人乔装的。华盛顿立刻拔出军刀架在那个"女人"的脖子上，逼着他赶快招供，否则就一刀解决他的性命。

原来法军设于安大略湖畔的要塞已被攻克，同时与后路支援军的联络也被切断，兵力所剩无几，食粮也即将告罄。所以士兵们就想出了化装潜逃这个办法。

"哦，我明白了！咱们一鼓作气地攻进要塞吧！"

华盛顿折返阵地，立即下达了这样的命令。

宁静的夜空马上变得喧嚣嘈杂，英军一面欣然欢呼，一面拥进要塞。可是，要塞中连一个敌军也没有，刀剑和枪支散落满地。

华盛顿随即爬上要塞屋顶，高高举起英国国旗，然后将要塞更名为当时首相的名字——威廉·彼得要塞。

自从琉肯要塞攻陷之后，持续了七年之久的英法战争终告结束，当然，保卫俄亥俄州的华盛顿此时总算是完成了一桩心愿。华盛顿想要脱离军旅生涯的心愿终于达到了，他毅然地脱下气概非凡的军服。

巴隆山庄还有一段新生活等待华盛顿的归来。自从和玛莎结婚以来，正式的家庭生活似乎尚未建立起来。同时，对于当选州议员的华盛顿而言，新的政治生涯已经开始。

这时候的华盛顿才 26 岁。

英法七年战争

1756 年奥地利为夺回在奥地利王位继承战争中被普鲁士夺占的西里西亚，准备发动对普战争，便与法国结盟。俄国、萨克森、瑞典和

华盛顿
Huashengdun

西班牙先后参加，结成交战国的一方。英国为与法国争夺殖民地，需要普鲁士在欧洲牵制法国，遂率英王领地汉诺威选帝侯国，同普鲁士结盟，结成交战国的另一方。在欧洲，普鲁士在英国的援助下，派遣7万大军，于1756年8月进攻萨克森，战败奥军，迫使萨克森投降。次年5月，俄军攻入东普鲁士，普军战败。1757年11月普军在罗斯巴赫打败法奥联军，继之在洛伊滕再败奥军，奥军损失2万人。1759年，俄奥联军在库纳斯多夫重创普军，普军损失惨重，投入的4.8万人，最后只剩下3000人。同年英军突袭法国基伯龙湾，消灭大批法军。1760年10月俄奥联军占领柏林。1762年初俄国彼得三世即位，同年5月与普媾和，退出反普联盟，战局改变。最后，普军击退法奥联军，取得胜利。1763年2月15日普鲁士、奥地利和萨克森签订《胡贝图斯堡条约》，欧洲战事结束。

与此同时，英法在美洲、印度等地继续争夺殖民地。在美洲，1759年英军占领魁北克。1760年法军占领蒙特利尔，完全征服加拿大。在印度，1757年在普拉西战役中，英军打败亲法的孟加拉的那瓦布。至1761年，英国完全取代法国，处于绝对优势。法国只保留几个贸易据点。在西非，英军占领塞内加尔的戈雷岛。在西印度群岛，英军击溃法西联军，占领马提尼克、格林纳达和圣卢西亚诸岛。法国被迫媾和，1763年2月10日英法签订《巴黎条约》，欧洲以外战事结束。

争取自由独立之战

先例是危险的东西，因此，政府之缰绳得由一只坚定的手执掌，而对宪法的每一次违背都必须遭到谴责，如果宪法存在什么缺陷，那就加以修正，但不能加以践踏！

——乔治·华盛顿

短暂的庄园生活

暖和的 2 月阳光，从窗缝里透了进来。

玛莎在餐厅忙着收拾碗筷，华盛顿靠坐在暖炉旁的安乐椅上，怀抱着生病的女儿芭蒂，杰克则在地板上拉着玩具货车。

玛莎掀起围裙擦着双手走了进来。

"今天是什么日子，你总该没忘记吧！"

"今天，今天怎么啦？"

"老天啊！今天是你的生日啊！也是出席州议会的日子。"华盛顿随即泛起了满脸笑容。

"哎！可不是吗？我自己都差点儿忘了。不过，你可别对我期望太高哦！我是新任州议员，凡事都应当小心谨慎才是。"

华盛顿前往首府参加州议会，刚一踏进议场大门，就受到热烈的掌声及喝彩。

会议上有一项"表扬华盛顿"的决议。罗宾逊议长站起身来高声赞颂华盛顿沉着镇静、防卫国土的战绩和功劳。华盛顿却羞红着脸，低垂着头。他为了表达内心的感激，硬着头皮站起身来向与会人士致答谢词。可是，他那神情紧张的模样倒像个恶作剧的孩子正在接受长辈们的处罚。

"我……很感谢……大……家……"

没想到一位叱咤风云的战场勇将，面对着广大的贵宾席致词

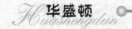

时，却是如此口齿不清，结结巴巴，不能畅所欲言。 幸好，议长罗宾逊及时为他解围。

"请坐吧！华盛顿先生，你的谦虚和勇气是并驾齐驱毫不逊色的，这样的美德绝非笔墨可以形容。"

好不容易才使这尴尬的场面恢复平静。 不久，州议会宣告结束，华盛顿夫妇便又返回巴隆山庄。

在宁静的巴隆山庄，可眺望远处波多马克河水的奔腾，也可聆听林间的鸟叫虫鸣。 环绕在山庄四周的土地，尽是鲜绿的菜圃。 农场里，农夫们正辛勤地耕耘土地。 可惜大部分的土地被浓密的原始森林所遮盖，林间有陡峭的峡谷，谷底有清澈的溪流以及小小的河湾。

年轻时，华盛顿经常伴随着老费尔费斯公爵到森林狩猎。尽管岁月悄悄地流逝，自然景观却依旧如昔。

"从今以后，我真正的生活就要开始了！"

想着，想着，他心中又燃烧起了一种光明的希望，他虽然拥有辉煌的功勋，却由衷渴望并日夜憧憬着田园生活。

从翌日清晨开始，他便骑着马巡视辽阔的农场。 从前，由于军旅生涯终年奔波在外，使他不得不委托弟弟佳奇代为管理。

"真糟糕！我知道佳奇已经尽了心力，只是土地面积过于广阔，才会显得如此荒芜破落。"

工具、房舍、篱栅都需要重新整修，要想恢复往昔的繁盛，大约需要两三年的时间。 华盛顿继承了父亲及长兄所遗留下来的广阔土地，玛莎夫人也由亡夫卡斯济士处获得了数倍于华盛顿的土地，以及 4.5 万英镑的遗产。 如今，华盛顿已是弗吉尼亚州数一数二的富豪兼农场主，经营着偌大的一片农场。

当时的大农场主几乎都把农场的经营委托管理人员去照顾。但是，华盛顿自幼就喜爱农场经营的工作，当然，他也能够胜任自如。

每天骑着马巡视农场，自己清理账目、查验出货量、订购饲料以及利用书信和伦敦商业界交易等。 上上下下、里里外外均一手包办。 凡是由他经营的土地所生产的物品，绝对是货真价实。 只要是写着"弗吉尼亚州，巴隆山庄，乔治·华盛顿先生"，无论是包裹还是信件，在关税处均可顺利过关。

华盛顿的乡居生活朴实而平淡。 他每天有早起的习惯，夏天大约是4点钟左右，冬天则在天刚破晓之际就起床。 为了避免影响他人及宾客的安宁，他经常偷偷地溜下楼来，点燃蜡烛阅读书籍。

午后经常有宾客来访，因此农场工作他都赶着中午之前办完。 晚餐也是草草了事，大约9点钟便上床就寝。

身为一个大农场主的他，时有宾客拜访投宿。 每当有客人来访时，华盛顿也会陪着大伙儿跳舞或玩牌，空闲时则骑马遛狗、上山狩猎。 他虽然谈不上沉迷此道，却也十分精通。

在他拥有的那片广阔的土地上，森林占了绝大部分的比例。他除了开发森林外，还不断地购买新土地，销售当地物产等。

华盛顿在农场指导黑人收割

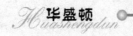
华盛顿
Huashengdun

他所经营的买卖可说是无所不包、无所不容。 同时，他又在西弗吉尼亚州的利斯玛鲁斯万浦公司以及密西西比公司等加入了极富冒险性的土地开发事业。

华盛顿待人亲切而诚恳，经常在黑人工作的地方陪着大伙儿闲话家常。 如果黑人佣工感染疾病，他也必定派人悉心照料。后来，他还在巴隆山庄创立一座专为黑人而设的小型医院。

有一天，华盛顿看见一位白人领班正好举起皮鞭要抽打黑奴，他愤怒地走上前去，把皮鞭抢了过来并狠狠地瞪着白人领班。

绝不能放纵白人欺侮黑奴，这就是华盛顿始终保持的仁厚原则。 白人领班想到自己即将遭到严厉地处分，吓得脸色苍白，一面后退一面低声地说："希望您顾到我的颜面，请别在黑奴面前损伤我的自尊，好吗？"

好不容易华盛顿才压抑了心中的怒火，扔下皮鞭转身离去。

美洲人民反对
"新税法"的斗争

由于州议会的再度召开，所以华盛顿又起程前往威廉·史帕克。 当时"航海法"在首府正是最为热门的话题，所谓"航海法"就是：凡是美洲殖民地的贸易行为，一律要使用英国船只，而且不得与英国以外的国家进行商业交易。

这样的法律早在 1660 年就已存在，可是由于过去英国政府始终任其自由发展，直到 1761 年才突然严格取缔秘密地贸易行为，因此首先引起了波士顿市民的激烈反对，这一项新航海法几乎成为金钱的战争。

同时，英国政府派出军舰到美洲的各港口，借口征收关税，并任意侵入私宅予以查封。 原本极力忍耐的华盛顿也变得有些沉不住气了。

"虽然英国是我们的祖国，可是却独占了美洲的贸易，不仅一直把昂贵的货品销售给殖民地的人民，同时还禁止工业的兴起。这样不是太霸道了吗?"他的一字一句都充满着愤怒和感叹。

当然，美洲殖民地为了防御法军的侵略，保护殖民地人民及财产的安全，一直依靠英国军队的协助以及充裕军费的支援，这的确是一项恩典。而且，英国政府为了一连串的战事，经济上的负荷极重，如果新法律是为了让战后获益不少的殖民地也分担部分责任，倒也无所谓。但是，这样的做法也应该有个界限或程度，不应该仍然保有"殖民地乃是本国财产"的错误观念，任意剥削。

事实上美洲殖民地的人民早已模仿了本国的制度，形成了一种根据自由与人权而生存的方式，绝对不愿受到任何压迫及伤害。

华盛顿心想：假使我们也和英国国民一样，那么就应该享有同等的权利和待遇；若是有其名而无其实，那么，我们就应该力争到底，为自己的同胞争口气。而且，由于近几次与法军的冲突，美洲殖民军充分体现了绝不服输于正规军的实力，更使华盛顿的信心倍增。

被吊死的印花税法执行者

"英军不值得我们畏惧，我们绝不能屈服!"这种信心，逐渐在全殖民地澎湃激荡着。

在州议会的会期即将结束之前，华盛顿偶然听见同僚议员齐聚一堂在高谈阔论着。

其中，声音最为洪亮的就是里加洛·李，他拥有的土地财产不逊于华盛顿，在州议会上是一位激进派先驱。他夹杂在议员之间高声嚷着："大家不妨仔细想一想，我们弗吉尼亚人并不是政府所俘虏的人民，而是立宪国英国的子民，本来就应该和本国人民享有同样的权利，不管这些权利与自由需要付出多少代价，为了我们的未来以及子孙的前途，我们必须不惜牺牲一切地保护她。"

这时候，有人在一旁大声附和说："对，对！说得对极了！"

华盛顿回头一看，原来是住在威廉·史帕克，最近声名大噪、身材魁梧、体格健壮、头发蓬松、衣衫邋遢的帕多利库·亨利。他年仅29岁就当选为州议员。

忽然在议员席间又发出了唧唧喳喳的声音。一位保守派的首领，掌握着弗吉尼亚州议会的老议长罗伯逊紧咬着牙说："真是个扰乱殖民地安宁的家伙，一文不名的土包子、糊涂虫，他道听途说，又喜欢挑拨离间，帕多利库·亨利真是个傻瓜！"

可是，不久以后，这位贫苦出身的年轻律师——帕多利库·亨利，便在美洲掀起了风云。1765年，英国政府公布实施著名的"印花税法"，亨利就是首先挺身攻击这项苛政的风云人物。

当时的印花税票

所谓"印花税法"，就是对一切文书、证件、证券、新闻、杂志、历表、骨牌等均需附贴印花。若是结婚证书没有贴上印花，那么，这对新人的婚姻就不生效；如果新闻报纸没有加贴印花，就得没收。

于是，美洲各地更显得动荡不安。

"议长！"亨利举手要求发言，并站了起来。

"好！帕多利库·亨利先

生，请你上台发言。"

走上讲台之后，亨利便大声地说道：

"凡是殖民地的人民，除了州议会所决议的法律以外，其他有关对于人民的课税，没有服从的必要。"瞬间，在议席中传来了嘘声，书记官停下笔来，注视着所有的与会议员。

华盛顿紧接着站起来说："不服从就是断然地力争到底是吗？我认为这并不是金钱纠纷，而是争取权利和自由的问题。"

从亨利那一身邋遢的装束看来，一股炙热的杀气正在沸腾。他说话的音调逐渐高昂，从会场四周的墙壁上发出回响，从窗口传到大厅，再由大厅传到走廊。 会场里的办事员纷纷地抛下手边的工作被吸引过来，连街上的市民也都拥过来打听究竟。

关于反对印花税法的行动，在美洲各地掀起了一片混乱。波士顿所有贩卖印花的商人被逼得走投无路，印花被堆积起来纵火焚毁，甚至还有人描绘那些出售印花商人的模样，利用纸张剪贴后投掷于烈火中焚烧以泄愤。

每当看到类似自己的形象被焚烧时，那些商人个个摇头感叹地说道："真是要不得！要不得！"自由与独立的火焰正向着美洲各地扩散。

焚烧印花税的运动

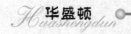

1765 年 11 月 1 日，英政府终于决定实施印花税法。当天，波士顿港湾里所有的船只一律下半旗，商店关门罢市，教会也敲响了哀痛的钟声。

纽约方面，有关当局为了防止民众骚动，把所有要面市的印花装进纸箱，并一一隐藏在要塞内，周围再增派海防部队严密封锁。

"如今演变成这样的局面，真是不可收拾。其实这种印花税法原本就行不通，又何必一定要强制执行呢？"华盛顿心里这么想着，事实上，在市面上确实看不到"印花"的踪影，若是出现就会立即被撕毁或焚烧。

"这一次的风波，我们最大的收获就是美洲殖民地十三州首次携手合作，各州同时认清了共同的奋斗目标。"这是他的同事麦桑的回答。

果真如此的话，那么，尽管冥顽不化的英国政府也无法再继续强制执行了。

1766 年春天，这一项苛刻的印花税法被英政府当局驳回撤销，殖民地的人民莫不兴高采烈、高唱凯歌，欢呼之声响彻云霄，钟声也变得悠扬悦耳，焰火布满天空，人们雀跃地迎接这喜讯的降临。

没想到，英政府又公布了一项对于玻璃、纸张、铅类、颜料以及茶叶的新税法。民众愤怒的情绪又再度高涨起来，不，较以前更为激昂热烈，气势也更为澎湃汹涌。

可是，华盛顿好不容易才从漩涡中脱身，并没有从巴隆山庄再投身于政坛或沙场的意思。他自幼即能沉着应变，不轻易接受摆布，并不是一个容易受外界诱惑的人。成年之后，华盛顿又过着纪律严谨的军人生活，即使危机重重交迫，也无法动摇他坚定的意志。随着年岁的增长，使他沉着自重的特点更加突出了。

因此，他无视各界为了税法的哄乱，照样定居在巴隆山庄，为自己农场的改良工作而努力，积极寻求小麦的增产法。又为了生活上的调剂，他经常到波多马克河畔去猎野鸭，或者带着杰克一同前往森林狩猎。

当选议会代表

波士顿、纽约、菲拉列鲁菲亚等地，大部分的商人为了反对新税法的实施，共同决定拒绝输入所有的英国商品；除了积极排斥以外，还以罢市来表明决心。

革命前的波士顿街景

就在这时候，英国政府增派大批军队前往波士顿，不仅将政府的集会一一取缔，还全力逮捕领导者并送回本国接受审判，就像对待"叛国者"或"罪犯"一般严刑拷打。一向最具克制力的华盛顿，这个时候也实在忍无可忍了，他已经不能再缄默了。

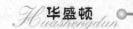
华盛顿
Huashengdun

当然，他的做法和帕多利库·亨利以及里加洛·李等激进派人士不同。

以人民代表所组成的议会作为政治桥梁，彼此为了争自由、争人权而相互沟通是英国特有的传统。关于这一点，无论本国或是殖民地应该是没有什么差别的。华盛顿认为这种"权利"一定要受到彻底的遵守，不得有丝毫马虎。

华盛顿曾经写了封信给麦桑说："英国贵族的领袖们，无论如何绝对不能剥夺美洲殖民地的自由。对于他们的侵略，我们应该给予强烈的反击。目前，为了保护我们祖先所承继下来的自由，该采取如何的应变措施是一项令人困扰的问题……怎么样才能够达到有效的目的，便是当务之急……为了保护上天所赐予我们的自由，任何人都不应该再踌躇，应快快予以迎头痛击……不过，采取武力反抗乃是最后的选择，我们应该谨慎行事……"

当时，佛吉尼亚州长由于忧劳成疾而病逝，继任者是位名叫波多兹特的英国贵族。这位新任州长是一位典型的官僚，他为了显示英国政府的权威，乘坐 6 匹马的豪华马车，趾高气扬地驾临当地，胸前佩戴着闪亮的勋章。除了马车四周的护卫外，还有仪仗队作为前导，浩浩荡荡来到议会现场。

这样的摆威风，当然会引起在场议员们的反感。当州长走了以后，议会立即做出决议：有关征收关税的本国会议决议案，一律予以撤销。至于征收人民税金的权限，除非获得殖民地议会的同意，否则其他法令完全无

由北美运回的税票成捆地堆积在英国码头，一队送葬队伍经过，他们庄严地抬着一个棺材，上写"北美税票小姐，生于 1765 年，卒于 1766 年"

华盛顿
Huashengdun

效，不得实施。

这样的决议立刻获得全体议员的一致通过。波多兹特州长接获此消息后大为震怒，马上把议员们召集到官邸，大声斥责道："我已经看过你们的决议案，内容荒谬而不合理。我要免除你们的职位，立刻解散议会。"

很明显的，州长和州议会已经起了正面的冲突。议员们也不甘示弱地表示，如果因此遭到免职，他们就把整个讲坛迁移到"拉列史馆"，继续会议的进行。

华盛顿和麦桑也表示了一致的看法，而且还向议会提出政策性的建议：凡是殖民地人民，绝不贩卖、输入或使用英国货品。当这一项议案提出时，议员们纷纷表示赞同。

到这时，已经不仅是政治的纠纷，保守派和激进派也不再有分歧的意见，因此深获人心的华盛顿理所当然地被推选为议会代表。

华盛顿宣读的各项决议案总是马上就能获得全数通过，再经由具有演说天才的瑞法逊在台上加以剖析解释，议员们个个自动地联名签署，同时又复制了很多份，分发到各阶层展开签名运动。于是，每一项决议案都能顺利通过。

不久，华盛顿为了土地的调查工作，特地前往俄亥俄州。

这一次的俄亥俄之行，并不是为了办理私事，而是为了和法军作战的将校及军队争取应得的利益与装备。原来，俄亥俄州有关当局计划分配给他们 800 平方千米的土地作为训练兵士之用，但是这项计划却迟迟未予施行。华盛顿整整花费了两个月的时间，踏遍全俄亥俄州的蛮荒地带，为的就是要确保"军人的权利"，争取自己同胞应该享有的自由。

波士顿倾茶事件

就在华盛顿回程途中，却接获一项震撼人心的消息——英军正展开"波士顿大屠杀"。

事情是这样发生的：1774年3月5日，税捐处门前的2名卫兵受到若干年轻民众的侮辱，于是英国正规军大力支援，普列斯敦上尉亲自率领8位士兵前来守卫税捐处。

"哼！穿红衣服的小子，打不过我们是吗？简直像个傀儡，胆小懦弱的东西！"围观的人一面指指点点地谩骂，一面向他们扔石头。

就在这秩序最为混乱的时候，一名无赖汉竟想抢夺守卫的枪

波士顿大屠杀

支，士兵为了自卫不得不开枪射击。不料因此引起市民的骚动，这时候士兵们就举枪向着人群猛烈地射击，终于造成4人死亡，多人重伤的惨剧。

可是，为什么会被说成"波士顿大屠杀"呢？那是源于版画家波尔·列米亚就当时的情景描绘出的一幅画。

"什么？正规军竟然把人民视同野狗任意枪杀？既然如此，我就在画面上附加几只被枪杀的野狗，再把他们射击时的丑陋模样刻画出来……对了，应该使用彩色颜料才能够生动感人，尤其要大量利用红色，以表示正规军的军服以及人民和小狗死于枪弹下的鲜血……"

这便是波尔·列米亚作画的动机。于是，他就夸大地描绘出阵容庞大的军队用枪支扫射波士顿市民的情景，尤其是画中血淋淋的小狗最为扣人心弦。后来连仿造版也出奇地畅销。

这虽然是过于小题大做，但是还有另一个消息更让华盛顿感到惊讶。因为，新税法竟然在顷刻间宣告废止，这岂不大快人心吗？

"新税法废止？"

"是啊！只有茶叶仍须课税。"

英国政府鉴于美洲殖民地反抗不平等待遇的态度非常积极而强硬，感到手足无措，不知如何是好，终于在3月间废止了新税法。但为了维持对殖民地课税的权利，将继续针对茶叶采取课税制度，借以维护象征性的权威。

"这有什么意义呢？问题的症结不在于金钱，而是权利与自由的争

刻有反印花税标志的茶壶

取。 茶叶的课税法不也和其他税法同样令人憎恨吗？那么，废止与否有何差别！"华盛顿愤慨地抱怨着。

果不出华盛顿所料，从此以后美洲民众的反抗运动完全集中于茶叶税的征收，而且，炙热的气焰越来越猛烈汹涌。

由于美洲殖民地区采取了禁买茶叶运动，遭受重大打击的便是"英国东印度公司"。 又因茶叶的滞销，使得英国船只无法卸货，经常原封不动地载回伦敦。 滞销的茶叶由于存放过久，多半会霉烂变质。

眼看情势已经演变到这步田地，英国政府当局不得不忍痛把这最后一项的苛税撤销。 可是，一旦点燃了美洲殖民地人民愤怒的火花，想要予以镇压或扑灭那就很困难了。

1774 年末，一艘满载着茶叶的东印度公司船只，企图违规驶进美洲港湾，遭遇一批伪装成印第安人的波士顿民众袭击，船上 342 箱茶叶全部被投入汪洋大海。 英国政府获悉此消息后颇为震怒，立刻下令封锁波士顿港。 这就表示，将要采取武力来对付市民了。

英国政府采取这样的措施，更让全美洲人民内心的怒火沸腾到顶点。

捣毁货船上的茶叶并倒入海中——波士顿倾茶事件

华盛顿
Huashengdun

　　"英国正规军想以武力威胁，目的是要让殖民地的人民彻底屈服吗？殖民军为何不也来个迎头痛击呢？"一向保持稳重态度的华盛顿，如今已经是义愤填膺，愤懑不已了。

　　两军对峙的结果，波士顿港内的船只无货可载，城市里的交易暂时停顿。码头作业荒废，仓库门窗紧闭，波士顿市内到处一片沉寂。

波士顿倾茶事件

第一届大陆
会议召开

　　在这样的气氛之下，第一届大陆会议在费城召开，华盛顿被推选为代表弗吉尼亚州的七位大陆会议委员之一。

　　1774年9月7日，大陆会议正式举行。这次会议的意义对美国来说是非常重大的，因为，这一天是全美十三州代表首次齐聚一堂交流心得的日子。代表们也许过去彼此只是知道对方的

姓名，这一次才
是正式地晤面。

当天，又盛
传着一个重大的
消息："波士顿
遭到英国军队的
攻击了。"

这的确是个
令人震惊的消
息，不过，经过
一番查证之后，

第一届大陆会议

才知道是一个谣传。但是，也正由于这个错误的传言，才促使
各州代表们更为同心协力，携手合作。

虽说同为英国殖民地，但马萨诸塞州是以新兴的工商业发展
为主；弗吉尼亚州则以农业的经营为主。彼此成立的背景各有
不同，社会风气和民情观念也各有差别，当时北部"人民"时常
嘲笑南方地主为"乡下绅士"；南部殖民者则戏谑北方人为"城
里的土包子"。他们经常这样互相嘲笑。

这一次，虽然好不容易聚集了十三州代表召开大陆会议，但
却难免发生一些分歧的意见。因为从一开始，南方人就很看不
惯北方人嚣张的气焰和轻佻的作风。

"那些瞻前不顾后的波士顿家伙，正是因为他们任意发起暴
动，才引发了这次的屠杀事件。总而言之，将茶箱投入海中，
确实是他们不对。"南部人具有这种成见者大有人在。

幸好，北方的领导人沙缪耶鲁和约翰·亚当斯都是相当杰出的
政治家。他们知道如果不能博得南部人民的全力支持，对于英军的
侵犯是绝对不能有效抵制的，所以，北部经常采取退让的态度。同
时，在各种公众场合也是以南方的名流士绅为代表，自己则甘居下
位，希望能以谦虚的美德来笼络南方的人心。

事实上，南方人民的代表中的确是有值得尊敬的人才，当初

华盛顿
Huashengdun

蔑视南方人为"乡下绅士"的人，眼见南方人高贵的气质、优雅的度量、高深的学识，也不得不心悦诚服。随着日子一天天地过去，弗吉尼亚州的代表才得以操纵大陆会议。

尤其，最为显著的是华盛顿那种稳重又具威严的大将之风。

"诸位，如果想要追求确实的知识及健全的判断能力，席间这位华盛顿上校就是大家最好的榜样。"就连这位后起之秀帕多利库·亨利也频频向大家这样称赞着华盛顿上校的才华。

的确，华盛顿就是具有这种令人折服的气概，而在礼貌周到的处事态度上，更具有惯谋能断的决心，自然令人肃然起敬。

华盛顿不善雄辩，有关演说事宜经常委托帕多利库·亨利和里加洛·李这两位年轻的雄辩家。他自己却只有一次亲身的经验，虽然那一次演说有点结结巴巴，但却诚恳又不失庄重地扣人心弦。

"自治与税金是牢不可分的。一般公民有推选代表进入国会的权利，当然也应该有向国家缴纳税金的义务。可是，英国政府始终不接受美洲殖民地代表的意见，甚至有蔑视其人格的态度。而且，只有给美洲殖民地的民众课以重税，英国本国人民则可以豁免，这是多么的不公平！有时候英国政府还企图以武力干涉来威胁我们，这实在是令人气愤！"

华盛顿尽力克制自己紧张的情绪，把现实问题一一向大家解说。这一番诚恳又毫不修饰的话，并不比雄辩家们逊色，反而更能震撼人心。他虽然说话断断续续，却能简单扼要地说清楚遭受英国暴虐行为的实情。

"必要时，我愿意用我的财产来组织一千兵力的军队，以保

华盛顿在发表演说

华盛顿
Huashengdun

卫波士顿城。"他如此地慷慨许诺，使得议会瞬间变得鸦雀无声。 这位沉着的军事家最为担忧的就是"装备"问题。

议会中，激进派人士连连拍手叫好；而保守派人士则开始交头接耳，不知在交换些什么意见。 华盛顿却完全不理会这些或好或坏的评论，又继续说道："我原本并不反对向政府当局请愿，假使有百分之百成功的把握，我是十分赞成请愿的。 其实以前我也曾请愿过，但是，每一次请愿书均被驳回，我感到非常的遗憾！因此，为了贯彻我们的主张，不惜舍弃公式化的程序，最后只好以武力相抗了。"

经过51天的会期，大陆会议最后就在通过《权利宣言》决议之后宣告散会。 宣言的内容虽然不是企图引发革命或叛逆行为，但是，为了要维护殖民地的自由与权利，连一步也不能退让，必须坚持到底。 他们把这种主张随即向英国国王提出申请。

"这一次大陆会议的举行感想如何？"会期结束之后华盛顿返回巴隆山庄，好友麦桑问道。

他说："最大的收获就是十三州的代表们，首次对于共同目标和共同敌人有了新的认识。 当然，和英国妥协的希望并未完全消除，但是我们虽然倾全力加以劝导，还是难免有分歧的现象，这便是我的感想。"

麦桑听后显得颇为赞同："诚如你的远见，英国正规军已经屯驻在波士顿，我们似乎也应该缜密地策划一下了。"

★★★★★★★
✿资料链接✿
★★★★★★★

波士顿倾茶事件

1760 年，英国在北美殖民地增加税收。 1765 年的《印花税法》和 1767 年的《唐森德条例》等法案导致美洲殖民地居民不满，因为他们认为既然他们在国会没有代表，就没有义务缴税。 约翰·汉考克等领导抵制来自英国政府所经营的英属东印度公司的中国茶叶，同时走私

华盛顿
Huashengdun

茶叶以逃避关税，致使东印度公司的茶叶销量一落千丈。1773年，英国国会颁布《茶税法》，允许东印度公司直接销售到北美市场，所以可以把价格降到比走私的茶叶低，以帮助本国商人，并由英属东印度公司垄断茶叶贸易。1773年11月，有7艘英国大型商船前往殖民地，4艘开往波士顿，其他3艘分别前往纽约、查理斯顿和费城。然而纽约、查理斯顿和费城三地的茶商拒绝接货，这三艘商船不得不开回英国。12月16日，一批茶叶被那四船商船运到波士顿港口，塞缪尔·亚当斯领

波士顿倾茶事件的主要领导人——
塞缪尔·亚当斯

导的一个由三组，每组50个当地人组成的组织"自由之子"打扮成印第安人偷偷摸到三艘船上，将船上货物捣毁，并将342箱茶叶倒入港口内，整个过程相当平和及安静。

此举遭到政府当局方面的批评，英国政府下令关闭波士顿港口，将战船和军队驶入殖民地。本杰明·富兰克林认为被倾倒的茶叶应该被赔偿，表示愿意用自己的钱来赔。英国认为这是对殖民政府的挑衅，1774年英国政府通过一系列"强制法案"，旨在加强控制。这些法案虽然是针对马萨诸塞州，但被北美居民称作"不可容忍的法案"，后来费城等其他港口也陆续响应，终于导致1775年4月的美国独立战争。

领导美国独立战争

　　在经济和自然发展过程中存在着不朽的结合——美德与幸福不可分;责任与利益不可分;诚实高尚政策的真正准则与民众繁荣幸福的真实回报不可分。

——乔治·华盛顿

独立战争的第一枪

变幻的风云似乎越来越浓密而猛烈，自从弗吉尼亚州议会被州长勒令解散之后，议员们便同心协力将议会迁到圣·约翰教堂。这座教堂是一座四方形建筑物，塔顶有一口庄严的吊钟。这种肃穆的气氛，正是举行会议的最佳场所。

主持会议进行的是帕多利库·亨利。

站在讲台上，亨利高声喊着："为了保护殖民地的权益，我们应立即募集民兵武装训练。"又说："哀号、呻吟、求援的时期已经过去，现在正是付诸行动的最好时机，我们必须奋战不懈。"

这时候，华盛顿交叉双手，伫立一旁侧耳倾听。只见亨利这位狂热的演说家，一面拨弄着零乱的头发，一面神情激昂地喊着："虽然我无法了解别人的心理状态及应敌态度，但以我个人而言，只有六个字可以形容——'不自由，毋宁死！'"

刹那间，"不自由，毋宁死"这句话成了导火线，引燃了每一个殖民地人民内心愤怒的火花。于是，在这原本静谧祥和的教堂里，突然有股炙热的气焰在燃烧，不久，它就像燎原之火，扩及所有的殖民地区，最后，终于为美洲的历史写下光辉灿烂的一页。

议会结束之后，议员们各自骑马返回故里。而华盛顿却因

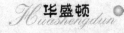

1776 年纽约市民矢志民族独立，将英王的铜像推倒，拿去铸造子弹

要务缠身，必须留下来指挥弗吉尼亚州最近编练的军队。

"大敌当前，一旦情况紧迫，为了捍卫家园，即使牺牲生命财产，赴汤蹈火也在所不辞。"这便是华盛顿的内心想法。

在这期间，波士顿的局势变得更为险恶。"目前，殖民军的行动越来越不容低估。首先，我们必须把康柯德弹药库炸毁。"英军司令肯兹将军下达了这样的命令。

1775 年 4 月 18 日晚上，大约 900 名英国正规军摸黑前进到康柯德附近。翌日清晨便将当地的弹药库炸得片瓦不留。只是他们没想到的是，美洲殖民军却早在炸毁之前就把许多重要的武器迁往他处了。

"当——当——当——"教会的钟声急促地响着，听来有些令人胆战心惊。农村、渔场、工地、学校的男、女、老、幼各自携带猎枪或简陋的武器齐集而至。

正当英国正规军趾高气扬地行进时，篱栅缝、森林里、草丛间的枪弹接续不断地发射出来，无论瞄准与否，无论射中没有，大伙儿的心愿就是捍卫家园，歼灭敌人。遭遇意外袭击的正规军本能地加以反击，但是，他们顾及右侧却疏忽了左方，注意前方又难防后路。

英国正规军这次的损伤相当惨重，他们算是尝到了失败的苦头，史密斯上校的腿部受了重伤，当救护队到达现场时，死伤累累的英军早已放弃了枪支，举手投降。

在莱克星顿山区，这场血淋淋的教训正迅速地流传着。传令骑兵也在街道上播送着消息。 这就是著名的莱克星顿枪声，意味着美国独立战争已经开始。

波士顿美国独立战争纪念地莱克星顿
广场上的民兵塑像

当时弗吉尼亚州的朝莫亚，突然派兵查封殖民军的火药库，并想将其迁往他处，有大约一团的弗吉尼亚人在帕多利库·亨利的指挥下，拿起武器奋力作战，最后一步一步逼近，逼着他交还所有的弹药，并补偿所有的损失。

"在这宁静的弗吉尼亚州竟然会发生这样的事情，真令人不可思议！"初次造访巴隆山庄的卡达先生，以悲痛的声音这样喃喃自语。

"怎么会不可思议呢？ 反抗虐政，是绝不应畏缩犹豫的。"里加洛·李这样回答他。

华盛顿则在一旁一面品尝咖啡，一面点头称是。

等到客人走后，夜深人静时分，华盛顿独自整理账本及清点各类账目，翌日清晨便离开巴隆山庄前往费城。 因为，第二次大陆会议即将于 5 月 10 日召开。

1775 年 4 月，英军在破坏民兵军火库途中，在莱克星顿
同民兵交火，北美独立战争开始

莱克星顿的枪声

1775 年 4 月 19 日清晨，波士顿人民在莱克星顿上空打响了独立战争的第一枪，莱克星顿的枪声拉开了美国独立战争的序幕。

1775 年 4 月，马萨诸塞总督兼驻军总司令盖奇得到一个消息：在距波士顿不远的康科德镇上，有"通讯委员会"的一个秘密军需仓库。盖奇立即命令少校史密斯率八百名英军前往搜查。部队连夜出发了，4 月 19 日凌晨，他们来到了离康科德 10 千米的小村庄——莱克星顿。

英军在黎明前的薄雾中向前行进。经过一夜行军，他们个个困倦不堪，呵欠连天。忽然，他们发现村外的草地上站着几十个村民，正手握长枪严阵以待。史密斯知道这些武装村民就是莱克星顿的民兵，北美大陆殖民地上的居民都叫他们"一分钟人"，因为他们行动特别迅速，只要一听到警报，在一分钟内就能集合起来，立即投入战斗。让史密斯吃惊的是，这些民兵为什么这样快就知道英军的行动呢？原来，"通讯委员会"的侦察员早就得到了情报，并立刻在波士顿教堂的顶上挂起一盏红灯。"通讯委员会"的信使、雕板匠保尔·瑞维尔看到后立即骑马赶到康科德报警。

"射击！给我冲！"史密斯一看对方只有几十个人，原来有些紧张的心情马上放松下来。他根本没把这几十个衣服破烂的民兵放在眼里，举起指挥刀发出了命令。

莱克星顿的民兵立刻还击，猛烈抵抗英军的进攻，枪声震响在莱克星顿上空，传出很远很远。几分钟后，枪声渐渐稀疏，民兵们因为人少，地形不利很快撤离了战场，分散隐蔽起来。

史密斯初战告捷，非常得意，指挥士兵直奔康科德。英军赶到镇上时，天已大亮，旭日东升了，但街道上却看不见一个人，家家关门闭户，显得冷冷清清。史密斯下令搜查，英军进入各家翻箱倒柜，折腾了大半天，什么也没找到。原来，民兵早已把仓库转移，"通讯委员会"的领导人也隐蔽起来了。

"撤！"史密斯觉得情况有些不妙，连忙下令撤退。这时，镇外喊杀声、枪弹声陡然大作，附近各村镇的民兵已得到消息，从四面八方向康科德赶来，包围了正在撤退的英军。他们埋伏在篱笆后边、灌木丛中、房屋顶上、街道拐角处向英军射击。英军一批又一批倒在地上，而当英军举枪还击时却连民兵的影子也找不到。英军一路向波士顿方向退却，沿途遭到民兵的不断袭击，狼狈不堪。

战斗一直持续到黄昏，最后还是从波士顿开来的一支援军，才把史密斯等人救了出去。

这一仗，英军死伤247人，民兵牺牲了几十人，剩下的英军弹药耗尽，回想起来也是心有余悸，他们第一次尝到殖民地人民铁拳的滋味。有个士兵说："我48小时没吃一点东西，帽子被打掉了3次，两颗子弹穿透上衣。我的刺刀也被人打掉了。"

第二届大陆
会议召开

独立革命的火花迅速蔓延着。

第二届大陆会议的列席名单和第一次完全相同，没有任何变动。

"大势不妙！你的州区现况如何？"

"人民就像沸腾的热水一般哄乱不安。"

各州代表虽然亲密地交谈，表现出彼此关怀的态度，其实真正的目的是为了打听对方的情况，想要迎头赶上罢了。

"是战争还是和平？"这是决定命运的关键。

本杰明·富兰克林设计的卡通画。分节的蛇讽喻
1754 年北美殖民地的不团结

"你瞧！"代表们窃窃私语。

"瞧，那人的服装仪容多么与众不同呀！"有位代表伸手指着夹杂在议席之中、身材高大、体格健硕的华盛顿上校。再仔

细一看，原来，只有华盛顿一个人穿着正式的军服来列席会议。

穿着军服并没有任何特殊的含意，华盛顿认为诸如此类的重要会议，穿着军服是一种应有的礼貌。而且，正式的军服象征着这次会议的庄严肃穆。

果然，各州代表都同意局势已经十分恶化，不得不一决胜负了。"再也没有和本国妥协的余地了，我们必须立刻采取断然的防御措施。"约翰·亚当斯当众这么喊着。

其他的议员立即随声附和，表示全力支持，并组织了各州的联盟。内政方面虽仍然各行其是，但是有关宣战、停战、条约、商业等，凡是和殖民地领土的安全及福祉有密切关系者，均需经由联盟会议裁决。于是，又立即推选12人组成了评议会。

这个会议马上就开始采取行动，包括军队的募集，要塞的建设，武器、弹药及军需品的制造等。为了补偿所需之军费，议会决定发行300万纸币。

一切准备就绪之后，就该轮到推举指挥军队的总司令人选了。

波士顿虽然已经集合了大约1.6万名殖民军，但是，其中组成分子大都是北部各州临时募集而来的，因此，始终没有挑选出适合的司令官，可以说这样的部队大都是些乌合之众。

于是，议会不得不先指派马萨诸塞州的瓦洛将军暂时出任指挥，但是，这并不是永久的万全之策。

"十三州联合军的总司令，一定得从弗吉尼亚州挑选出来，而且，必须具有统率南部各州的能力。"约翰·亚当斯说。所以，也就产生了许多总司令的候补人选，诸如贾鲁斯·李将军、凯兹将军以及自认为呼声最高的韩可库议长。

这时候，约翰·亚当斯又站起来发言："作为一个总司令，除了具备军人优秀的技术和经验外，还必须有高尚的人格和杰出的才能，而且，还要有容纳他人的雅量以及足以博得全殖民地人民信赖的声望。"接着他又说："当然，若要把这些优点齐聚在一身是不太可能。不过，目前的处境，又非得需要这样的人选不可。 至于这般杰出的人才，在全殖民地间有没有呢？我可以断然地告诉各位，有的，而且那样的人才远在天边，近在眼前！"

第二届大陆会议

韩可库议长以为自己会荣获推荐，脸上泛起阵阵笑意。 亚当斯像是在故意点醒他的美梦，继续说着："今天要向你们推荐的这位杰出人物，就是弗吉尼亚州代表——乔治·华盛顿先生。"

华盛顿震惊不已，他显得有些受宠若惊，意外得不知所措。

议程进入了秘密会期，将华盛顿任命为总司令的决议提出之后，虽然受到各界的异议，但是，经过慎重的审议之后，仍然决定将会议延长到第二天。 翌日，华盛顿终于获得全数通过，被推选为美洲殖民军的总司令。

华盛顿满怀谦虚地说："各位，我并不是最适当的人选，尤其在诸位前辈面前，更是担心自己的才能有限，难负重任。"他连做梦也没有想到会有这样的地位。 对他来说，这几乎是想都不敢想的事情。

"为了美洲的自由和独立，尽管责任重大，既然委任于我，我得义不容辞。 因为，这是特殊的荣耀，也是一项尊贵的义务。"

就在华盛顿当选的那一天，传令骑兵十万火急地赶来报告说："英国政府已经派遣满载军队、武器和弹药的船只，堂皇地驶进港湾。"

双肩担负起美国前途与命运的重任，正式和英国正规军一决胜负的日子终于来临了。 华盛顿立刻着手于军队的募集和编练。

大陆会议

英属北美殖民地十三州的代表会议，是独立战争期间的革命领导机构。第一届会议在北美殖民地与英国宗主国之间的矛盾不断尖锐化的过程中召开。1774 年春英国议会通过的《强制法令》，激起殖民地人民的强烈不满。7 月间，马萨诸塞通讯委员会倡议召开十三个殖民地代表会议，得到各殖民地的响应。9 月 5 日至 10 月 22 日，会议在费城举行，史称第一届大陆会议。除佐治亚外，其他十二个殖民地的五十六名代表出席会议。华盛顿作为弗吉尼亚议会的代表参加了会议。会上激进派代表亨利和亚当斯等人同妥协派分子迪金森、杰伊等人展开了斗争。妥协派占据优势。大会向英王递送请愿书，要求英国取消对殖民地的高压政策。与此同时，会议支持马萨诸塞商人发动的抵制英货运动，通过了与英国断绝贸易关系的决议案，制定《权利宣言》。但未提出独立要求。会议的召开在团结北美殖民地的解放力量，促进殖民地独立政权的建立方面走出了重要一步。

第一届大陆会议之后，英王变本加厉地对殖民地采取镇压措施，引起 1775 年 4 月 19 日莱克星顿和康科德的武装冲突。在人民反英武装斗争和高涨的革命情绪推动下，1775 年 5 月 10 日，第二届大陆会议在费城召开。与会代表 66 人，新代表中有富兰克林和杰斐逊。波士顿富商汉考克被选为会议主席。

在反英革命战争业已开始的情况下，大陆会议从性质上来说，已发展为国家政权组织，开始起着常设的中央政府的作用。会议于 1775 年 6 月 15 日通过组织大陆军和任命华盛顿为总司令的决议。10 月，大陆会议开始组织一支海军。11 月建立海军陆战队。12 月，在大陆海军"阿尔弗雷德"号舰艇上第一次升起一面用十三条横道——标志十三个殖民地联合的旗帜，这是美国国旗的雏形。

1776 年 7 月 4 日，通过杰斐逊起草的《独立宣言》，宣称"一切人

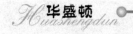

生而平等"，宣布脱离英国，成立美利坚合众国。1777 年 11 月 15 日第三届大陆会议通过《邦联条例》，1781 年 3 月 1 日获各州批准，开始生效。据此成立的邦联国会代替大陆会议，成为直到 1789 年 3 月为止的美国立法机构。

血战邦克小丘

宁静的夏夜，星星在夜空无言地闪烁着，波士顿正陷于熟睡之中。除了河畔站岗哨兵低低的私语以及英国军舰甲板上卫兵的哈欠声外，四周一片寂静。

此时，殖民军正利用黑夜为掩护，在邦克小丘上挥汗如雨地挖掘着壕沟。

翌晨，睡眼惺忪的英国将军盖里突觉眼前一亮，没想到一夜之间，触手可及的小丘已变为敌方的堡垒。他惊骇万分，睡意全无，急忙抓起望远镜瞭望，只见身着军装显得英姿焕发的布列斯柯多的身影正在堡垒壁上晃来晃去。

"敌方似乎要发动决一死战了。"

"这是迟早的事，布列斯柯多是位韧性颇强的勇将，这场浴血战他一定会坚持到底的，至于他部下的想法是否和他一致，那就无从知道了。"

"好，那我们准备和他力拼到底。"盖里将军语气颇为坚决地说道。英军方面立即召开参谋会议，拟定作战计划。

殖民军虽然表面上好像士气颇为旺盛，但是实际上士兵们经受不起夜以继日的构筑工事以及炎人的闷热，已经是筋疲力竭，饥渴难耐了。

从邦克小丘上可看到查理斯敦海港窄小的地带，那里有一座大约 500 米高的小山丘。山丘的坡度并不陡峻，穿着红色军服

华盛顿
Huashengdun

的英军，散成一列直朝小丘缓缓逼近。

还有比这更壮盛的场面吗？波士顿全市的男女老少纷纷爬上屋顶或树上，一面担忧自己的父兄、丈夫、孩子的生命安全，一面屏息注视着他们眼前这幕活生生的景象。

可是堡垒中却毫无动静，虽然敌人已经逐渐迫近，但里面甚至连一声咳嗽也没有。当英军距离他们仅约 20 米时，军中才发出一阵嘈杂声。

"喂！阿玛克陆米上校，北部来的那群年轻兵士，难道是胆小鬼吗？"从堡垒中传出了讥骂声。可是走在第二十三连队前端的阿冯克陆米，仍默默无语地继续前进。

当英军迫近至 40 步……30 步……突然堡垒中伸出了许多人头。

"射击！"

殖民军开始发出猛烈的炮火，令英军心惊胆战，但不一会儿工夫，他们就又镇定下来，继续一步步向堡垒逼近，结果又受到第二次的攻击，和前一次一样的大混乱再度重演。

在查理斯敦严阵以待的殖民军开始从侧腹攻击英军，再也不堪一击的英军终于节节败退。

另一方面，负责攻击右翼的英军司令官霍威将军所率领的英军渡过密苏基古河，正缓缓地逼近阵地。殖民军方面负责把关的巴多那姆将军坚持敌方只要未逼近三步以内，绝对不许发出射击命令，因为他知道弹药有限，不能有丝毫浪费。他曾下达命令说："不服从命令私自射击的士兵，一律枪决。"

英军愈来愈逼近，堡垒里的人将猎枪、短枪、鸟枪等各式各样的枪支拿起来瞄准。

"射击！"巴多那姆将军一声号令，立即枪声大作。霍威将军所率领的英军纷纷抱头鼠窜，撤退到船上。

霍威将军因愤怒而颤抖不已，他的袜子已染满鲜血，却仍然站在部队前端指挥。

英军开始发动第三轮总攻击，他们这回仍从小丘正前方挺进，炮台和军舰也进行猛烈射击，炮弹打中了查理斯敦海港。

查理斯敦海港是座木造要塞，很快地就被熊熊火焰所笼罩。

美军民兵们尽量节省枪弹，除非敌军逼近眼前，否则绝不滥射。 只等到他们将敌人诱至面前，才开始第三次的射击。

英军陷于一片混乱之中，将校们挥着刀剑大声呐喊着用以鼓励士兵，但是这只是徒然增加伤亡罢了，连霍威将军的参谋也身受重伤。 英军接二连三地滚下小丘，这次进攻最后仍告失败。

其实，殖民军方面的弹药也已消耗殆尽。 如今只有白刃相见了，大家纷纷卸下背包脱掉上衣，静待肉搏战的开始。 当英军迫近阵地时，他们挥舞着刀剑冲出堡垒和英军展开了一场激烈的肉搏战。

波士顿市内的男女老少们，都为他们捏把冷汗，屏息眺望着这场决死的格斗，但是在敌军人数占绝对优势的情况下，最终还是寡不敌众，不久英旗就飘扬在邦克小丘上了。

这一次可称得上是独立战争中的颇为壮烈的一次战役。"连法国的常备军都没这么顽强，对方虽然是民兵，却不可藐视！"英国一位身经百战的将校如此称赞道。

英军费了九牛二虎之力，总算占领了邦克小丘，可是自己也损伤惨重，可以说是与战败无异。 2000 名英军，死伤达 1000 多人，而战败的殖民军一方，死伤却没超过 450 人。

这场战役殖民军虽遭到失败，但是其意义却非比寻常，甚至比凯旋而归更为振奋人心，全场战役给他们带来了无比的信心和勇气，因为一支临时组成的民兵，其力量竟可以与和欧洲训练有素的军队相抗衡，这对全殖民地的人民来说，是一个莫大的鼓励。

缺乏装备和
训练的民兵

邦克小丘的战役，华盛顿是在前往费城行进约 30 千米处得悉的。 这位总司令官立即从马背上跃下，气喘吁吁地聆听着传令兵的报告，然后他以铿锵有力的声音说道："好极了！解放我国的自由时刻就要来临了！"说完，再度跃上马背往波士顿进军。

华盛顿这时正值 40 岁的壮年、挺拔卓立、风度高雅、举止冷静而且不失威严。 骑在马背上更显得英姿勃发，沿途民众皆夹道欢呼。

英国漫画——英美之战

华盛顿一抵达剑桥，就马上登上一座可以俯瞰整个波士顿的小丘。

邦克小丘虽然近在咫尺，但现在英军旗帜正在丘顶迎风招展。 英军总司令官霍威将军的主力部队扎营的阵地长达 1 千米之广，在大小不一的白色帐栅前，隐约可以看见身着红色军服的英军穿梭其间。

小丘的山麓下，残存着大片焦土，断垣残壁中战火犹存，查理斯敦海港已经成为废墟。 密苏基古河上停泊着 3 艘军舰，而半岛和波士顿之间，则停泊着一艘拥有 20 门大炮的军舰。

"敌方的装备实在太齐全了，和我们军队简陋的装备相比，

108

Huashengdun
华盛顿

实在是天壤之别。"

华盛顿有如泄了气的皮球，垂头丧气。 原先估计武器配备齐全的民兵约有 2 万人，没想到经过调查的结果，配备齐全的民兵竟然不超过 1.4 万名。

更糟的是，绝大部分的民兵都不懂军事。 他们有的穿着工作服，有的穿着自己缝制的宽大衣衫，随便拿支鸟枪就兴致勃勃地启程前来报到。

"唉！ 这能称得上是一支军队吗？"华盛顿忧心忡忡。 他在秘函中有如下一段记载：

"这支民兵，无论从哪个角度来看，都令人不敢恭维。 以军事眼光来看，将校尽是些迟钝毫无主见的分子，士兵则是乌合之众；不过倒也可以训练成一支精锐部队，因为他们都很勇敢，在刀剑尚未刺入胸膛之前，丝毫不知道什么是危险。 他们这种不畏危险之勇，并非是赴汤蹈火、在所不辞之勇，而是不知轻重的愚昧之勇罢了。"

比这个更令人担心的是弹药的不足，原先估计约有 300 桶的弹药，而实际上却只有 32 桶而已，每位士兵只能分发到 9 颗子弹。

"我看到这种情形就战栗不安，因为火药库已经没存货，所有的弹药都在士兵的弹匣中了。"华盛顿的秘书利多报告说。

华盛顿听说以后不敢耽误，急忙派遣使者火速赶往罗德岛，请求尽快补给火药和子弹。

"假使敌军再次发动攻击的话，我们用什么来抵抗？"华盛顿担心地喃喃自语。

华盛顿为此战栗不已，可是敌军方面却毫无动静，大概是罗基斯坦和邦克小丘两次战役，已令霍威将军和那些参谋们头痛万分了吧！

到了 1775 年 8 月中旬，从波士顿传来敌军决定发动攻击的消息。

"好啊！ 我们将敌军从阵地中引诱出来。"华盛顿命令 1400

名士兵，趁敌军不备，连夜潜入查理斯敦阵地。

天亮后，英军们发现殖民军已迫近阵地，曾引起一阵骚动。可是，英军仍是坚守阵地，丝毫没有移动的迹象，就像在讪笑华盛顿的挑战，暗地里在挖掘壕沟似的。

"……英军大概在等待援军吧！除此之外，再也无法解释这种奇怪的出乎寻常的举动了。"想到这一点，华盛顿愈来愈坐立不安。

以如此简陋的装备，殖民军很难度过漫漫的严冬，而且还要维持兵士和帐篷的费用，以及燃料、衣服等等，所以殖民军也只能再支撑一个月。

华盛顿命令几艘武装快艇去突袭敌舰，不怕死的士兵争先恐后地报名自愿前往。 他们趁敌方军舰巡视海岸，回到港内正欲投锚之际，突

大陆军新英格兰部队的旗帜

然冲出攻击敌舰，抢夺英军的枪械、火药和军需品。

虽是这样，还是无法补足弹药的缺乏。 迫不得已，华盛顿决定召开参谋会议。

"我们现在必须赶紧拟定一套作战策略，做好背水一战的准备！"

华盛顿向大家宣布："事情演变至此，只好采取破釜沉舟之计了。 也就是说要断然决定采取突袭波士顿敌军的战略。"

"采取这种突袭的战略，无疑是有勇无谋的举动！"参谋们皆异口同声地表示反对。

10 月 15 日，各州议会的委员们陆陆续续来到营地参加会议，会议接连举行了三天，最后决定再募集两万两千名新兵，服

役期限仍是一年。

愈近严冬，华盛顿内心就愈发沉重。大半的将校都想辞去军职，这严重影响了军心士气。

一到十二个月，任期已满的兵士，不管新兵有没有抵达营地，就归心似箭地接二连三地离开营地，将爱国歌曲当作耳边风，保卫家园仿佛和他们风马牛不相及似的。

"回家！回家！"这种愿望在大家心底熊熊地燃烧着。

所谓风中的烛影，难道就是指这件事吗？近期内援军会大批到达的英军准备再度发动总攻击的对象——光荣的独立军的举止，会是这番胆怯而落魄的吗？

波士顿战役的胜利

17 75年11月的一天上午，华盛顿的军营突然人声喧哗。四匹骏马拉着一辆美丽的马车，急驰在剑桥街道上，扬起一片灰蒙蒙的尘土。这辆马车由远而近，最后停在司令部的大门前，从马车上走下来的是玛莎夫人和杰克夫妇。

陈设简单的司令部内顿时洋溢着家庭的温馨，下午4点，大伙饮啜着香浓的咖啡，品尝着从巴隆山庄带来的饼干，气氛非常融洽，尤其一些年轻的将校更是兴奋。

杰克仰头观看迎风飘扬的美洲新旗帜，说道："最近爸爸似乎比以前更为沉默，是不是有什么心事？"

的确，华盛顿此刻正陷于深深地困扰中，因为士兵们的纷纷束装返家，原本拥有1.5万名士兵的军队，如今减少了一半。而那些新招募的兵士全是地地道道的百姓。

华盛顿在寄给利多的信上就曾情不自禁地大倒苦水："夜深人静，大伙儿都熟睡之际，我常辗转反侧不能成眠，想到肩负的重任，再看看军队目前的窘境，仿佛有千斤重担，压得我透不过气来。而且没有一个人了解我的苦衷，未来的前途很难预料，真恨不得能卸下司令官的职位，即便担任一名小兵，我也心满意足了！"

没有人知道他的用心良苦，众人议论纷纷，责难之声四起。"华盛顿到底在搞什么？为什么不去进攻波士顿呢？"

各州议会也一致要求华盛顿设法挽回败局，以鼓

北美军队在补充武器

舞民心士气。无奈他心有余而力不足，各地的状况明显都不利于殖民军。

比如北方派出的 1200 名远征部队，好不容易才攻进加拿大，后来竟因为蒙哥马利将军战死于魁北克城外，使得战况急转直下，殖民军竟然就此连连溃败。

而纽约的情势也相当险恶，蓝末亚所率领的英军，正大肆蹂躏着弗吉尼亚低地，另外克林顿的英国舰队也正虎视眈眈地等候在岸边，准备乘虚而入。依目前情势看来，根本没有获胜的可能。

就在这时，诺古士上校所率领的殖民军，从罗德岛利用 80 头牛拖回了 40 辆雪橇，上面满载着大炮和军需品。他们的突然到来，引起了军营内一片欢声雷动。

冒着凛冽的风雪，越过冰冻的沼泽和积满白皑皑厚雪的荒野，将 43 门大炮、16 门臼炮，远从基地搬运来此，诺古士上校的勇气和任劳任怨的精神，使得大家在感激之余，勇气倍增。

对于三番两次想攻击波士顿，却苦无大炮而只能是摩拳擦掌的殖民军而言，这无疑是天赐恩物。 此时，其他的军需品也正源源不断地从各方送到。

"开始行动的时机已经来临，我们应该先全力攻击罗基斯坦小丘，收复波士顿则指日可待了。"华盛顿心里暗暗地想。

1776 年 3 月 4 日夜晚，殖民军开始攻击罗基斯坦小丘。 那天晚上，一轮皓月高挂在天空，将大地照耀得宛如白昼。 双方你来我往开始射击，炮轰的闪光此起彼落，敌方仍不清楚殖民军移动的情形。

夜晚 8 时许，殖民军终于抵达罗基斯坦小丘，他们随即开始挖掘壕沟。 寒月下的大地，仿佛石头般地坚硬，鹤嘴镐几次一接触到地面就被弹回。

华盛顿默默地站着。 他明白这是一生中最重要的时刻，这一仗如能大获全胜，就可成为美国人民心目中的"独立之神"，反之则成一爱国亡魂罢了。

翌晨 4 时，他们已完成了两个阵地的构建，阵地周围叠着一束束的麦秆，远远望去宛如一座座的炮台。

晨曦初露，霍威将军突然发现小丘上巍然耸立着两座香菇模样的堡垒，他的心顿时如受到重击般地往下沉。

"可恶的叛军，一夜之间竟有此能耐！"

一夜之间就奇迹般地完成两座堡垒，确实令人难以置信！仿佛是天方夜谭中的神灯所变出来的。

像骤雨般的子弹纷纷从小丘落到市内，尤其舰艇更是显著的目标。 波士顿要塞和舰艇上也发出了猛烈的炮火，炮弹不断地飞落到小丘上，可是士气高昂的殖民军却毫无惧色。

华盛顿纵马驰骋于小丘上，大声地高喊："替兄弟们复仇！"因为那天正好是 3 月 5 日，也就是"波士顿大屠杀"的纪念日。

傍晚时分，英军开始有转移的迹象，运输船载着两千五百名身着红色服装的英军企图登陆威廉姆斯港，可是天不从人愿，从东方如万马奔腾而来的飓风，使得海面上波涛汹涌，运输船根本无法靠岸。

登陆计划只得拖延到第二天。

翌日，仍旧是不见阳光的阴天，而且又是大雨滂沱。当时所使用的枪支，一被雨淋湿就不能再用，所以双方的攻击不得不一再顺延。在此期间，大陆军则继续构筑工事，巩固其阵地。

"殖民军在小丘上严阵以待，舰艇若继续泊在港内，实在太危险了。"英军的夏鲁登将领提出警告。

邦克小丘战役艰苦获胜的惨痛记忆，又浮现在霍威将军脑海里，他深知想要收复罗基斯坦小丘，因为有这么坚固的堡垒，实比登天还难。召开参谋会议商讨的结果，英军决定撤出波士顿。

"不过，当军队撤到船上的时候，如果敌方趁机发动攻击，我们将会在枪林弹雨中全军覆没的。"有位参谋听着炮弹不断落到地面的爆炸声，不禁十分担忧地说。

"虽是危险，不过还是要撤兵，这总比投降好吧。一切没问题，我们只要在街上放火，趁混乱之时撤兵，不是很安全么？"霍威将军想出一个办法。

波士顿市民们得悉此消息后，皆相顾失色。第八天晚上，市民推派一位代表，高举着白旗，来到殖民军阵地前。

"霍威将军曾经表示说，他们撤兵时，殖民军如果不予炮轰，他就不纵火烧波士顿。为了全市市民的生命财产，请求你们届时中止炮击。"代表心情沉重地提出上述的陈情。

可是陈情书并没写明要呈给什么人，也没有霍威将军的签名，所以市民代表没能达成使命就怏怏离去了。

波士顿会不会被英军纵火焚毁呢？17日天还没亮，波士顿全市就已乱成一片，英军开始搭船撤退了。

港内共停泊78艘军舰和运输船，如今每艘船中都载满着兵士缓缓朝港外驶去。1.2万名的士兵、水兵以及难民，将运输舱挤得满满的。

在这混乱当中，殖民军的炮台并没有射击，眼睁睁地看着他们扬长而去。

这时，市民们才真正了解到华盛顿的为人。他虽然没有给市民代表一个明确的保证，但他也不忍心让波士顿毁于敌军之手。歼灭敌人、争取胜利虽然是军人的本分和职责，但是，市民们生命财产的安全也不能漠视。

英军全部撤退之后，华盛顿率领大军浩浩荡荡地入城，此时的波士顿钟鼓齐鸣，旗帜飘扬。

"万岁！万岁！"市民们夹道欢迎这位拯救波士顿市的"自由勇将"。

英军仓促撤退后，竟然遗下了两百门大炮以及无数的弹药、枪支、炮车等，这些连做梦也得不到的武器，竟然堆积如山地躺在那里，大陆军真是欣喜若狂。就这样，华盛顿度过了一生中最大的危机。

《独立宣言》的发表

波士顿收复后，下一个目标是纽约。所以华盛顿下令向纽约进军。

纽约市位于哈得逊河口，狭长的半岛上，还没成立海军的美方经常遭受敌舰威胁，他们时时刻刻地担心着，因为后路随时会被已经登陆哈得逊河上游的英军所切断。

虽是这样，华盛顿仍打

《独立宣言》发表时的美国国旗

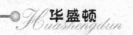

华盛顿
Huashengdun

定主意要死守纽约市。 如果纽约陷落，哈得逊河为英军所制的话，那么，十三州就会被各个击破了。

华盛顿将指挥部设在半岛尖端的曼哈顿，在对岸的布鲁克林小丘上建筑要塞以巩固防卫。

"纵使再增加两倍的兵力，也无法守住纽约市。"最富于军事谋略的古林将军断言说。

"我心里也很清楚，不过我将不惜一切代价，决不能将纽约拱手让人。"华盛顿的语气颇为坚决。

他冒着危险深入阵地，没想到的是，一个企图暗杀他的阴谋，已在暗地里进行着。

一天晚上，餐桌上的主菜是一盘外观相当美味可口的佳肴，幸亏华盛顿没有吃那一盘菜，后来才发现里边放有毒药，而且出乎意料，在菜里下毒的竟是华盛顿的一名贴身卫士。

这个可怕的阴谋，像藤蔓般地缠绕在华盛顿的周围。

华盛顿宅邸对面一家酒店的负责人柯比就是阴谋的主使人，再进一步深入调查，竟然发现幕后的策划人是前行政长官妥利安，他在船上一面和纽约市长玛休互通消息，一面指挥暗杀华盛顿的阴谋。

"他们倒真会利用玛莎回到巴隆山庄的大好时机。"华盛顿内心不禁发出苦笑。

当暗杀事件闹得满城风雨的时候，突然有四艘敌舰闷声不响地出现在富古沿海，而且在湾内下锚。 然后敌方 40 艘帆船也接踵而至，这就是从波士顿撤走的大军，另外 6 艘运输船载运来的增援部队也陆陆续续抵达。

"敌舰终于侵犯纽约了，假使他们胆敢在哈得逊河溯流而上，就立即开炮射击。"华盛顿当机立断地下达命令。

敌舰的甲板上，隐约可见趾高气扬的霍威将军身影。 他们的士兵多达 3 万人，而且都配备有精锐武器。

华盛顿的手下却只有 1.8 万名士兵左右，其中大部分还是 4 月至 7 月间刚募集来的新兵，只接受过短期的训练。

以如此仓促组成的部队，而且又没有海军做后盾的阵容，要想对抗训练有素、装备精良的英国大军，那无异等于鸡蛋碰石头，可谓太不自量力了。

密密的乌云，笼罩在纽约四周和哈得逊河畔。

"将军，费城的传令兵带消息来了！"秘书匆匆忙忙赶了进来报告。

从敞开的窗户，可以看到熙熙攘攘的人群，他们兴奋的谈话声不时飘荡进来，华盛顿急忙走进大厅，差点

骑马传递消息的传令兵

和一位部下撞个满怀。 这位部下乐不可支，连应该敬礼也忘了，他紧紧抓住将军的手。

"独立了！"他兴奋地大声喊叫。

"我们终于变成美利坚合众国了！"

《独立宣言》终于向世界宣布了。

美洲殖民地是为了维护自由与人权，才起来反抗的，但是他们当初并没有打算脱离英国而独立，所以至今仍称英军为"政府军"。 可是随着战况愈演愈烈，已经到了不宣布独立不行的地步，虽然他们深知获胜绝非易事，可是事态已发展到势在必行的地步了。

如今美军民军被英国大军包围，危机四伏，可以说到了生死存亡的关头，唯有拼死冲开一条血路，去开创自己的前途。 美洲殖民地确是历尽千辛万苦，迫不得已才发出此《独立宣言》的。

1776 年 7 月 4 日，殖民地政府在费城召开会议。 "联合殖

华盛顿
Huashengdun

民地应当为自由、人权而宣告独立。"会议上，大家一致通过这项决议。 两天后，杰佛逊起草的《独立宣言》完成，那份庄重的宣言立即获得议会通过。

"7月4日可能是美国历史上最值得纪念的日子，应该把这一天定为国家纪念日，世世代代永远庆祝。 那天全国各地要游行、演讲，举办各种竞赛、体育活动，还有礼炮、钟声、焰火、各种灯饰，全国人民欢欣鼓舞地度过这一个值得纪念的日子。"约翰·亚当斯态度异常严肃地建议说。

此后每年的7月4日，美国都是全民欢腾，热烈地庆祝这个伟大的独立纪念日。

议会的尖塔上，有座刻着《圣经》的大钟。

"将自由钟声传达至全国每个角落。"不久，自由的钟声响彻云霄，把通过《独立宣言》的大好消息，传递到全国各地。

"多么令人振奋的钟声!"华盛顿眼含泪水，高兴地对部下说。

但是这场艰苦的战争，才正式拉开序幕。

★★★★★★★★★
资料链接
★★★★★★★★★

美国《独立宣言》

1776年7月4日通过的美国《独立宣言》内容如下：

在有关人类事务的发展过程中，当一个民族必须解除其和另一个民族之间的政治联系，并在世界各国之间依照自然法则和上帝的意旨，接受独立与平等的地位时，出于人类舆论的尊重，必须把他们不得不独立的原因予以宣布。

我们认为下面这些真理是不言而喻的：人人生而平等，造物主赋予他们若干不可剥夺的权利，其中包括生命权、自由权和追求幸福的权利。 为了保障这些权利，人类才在他们之间建立政府，而政府之正当权力，是经被治理者的同意而产生的。 当任何形式的政府对这些目

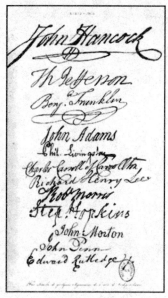

最早在《独立宣言》上
签名的名单

标具有破坏作用时，人民便有权力改变或废除它，以建立一个新的政府；其赖以奠基的原则，其组织权力的方式，务使人民认为唯有这样才最有可能获得他们的安全和幸福。为了慎重起见，成立多年的政府，是不应当由于轻微和短暂的原因而予以变更的。过去的一切经验也都说明，任何苦难，只要是尚能忍受，人类都宁愿容忍，而无意为了本身的权益便废除他们久已习惯了的政府。但是，当追逐同一目标的一连串滥用职权和强取豪夺发生，证明政府企图把人民置于专制统治之下时，那么人民就有权利，也有义务推翻这个政府，并为他们未来的安全建立新的保障——这就是这些殖民地过去逆来顺受的情况，也是他们现在不得不改变以前政府制度的原因。当今大不列颠国王的历史，是接连不断地伤天害理和强取豪夺的历史，这些暴行的唯一目标，就是想在这些州建立专制的暴政。为了证明所言属实，现把下列事实公正地向世界宣布——

他拒绝批准对公众利益最有益、最必要的法律。

他禁止他的总督们批准迫切而极为必要的法律，要不就把这些法律搁置起来暂不生效，等待他的同意；而一旦这些法律被搁置起来，他对它们就完全置之不理。

他拒绝批准便利广大地区人民的其他法律，除非那些人民情愿放弃自己在立法机关中的代表权；但这种权利对他们有无法估量的价值，而且只有暴君才畏惧这种权利。

他把各州立法团体召集到异乎寻常的、极为不便的、远离它们档案库的地方去开会，唯一的目的是使他们疲于奔命，不得不顺从他的意旨。

他一再解散各州的议会，因为它们以无畏的坚毅态度反对他侵犯人民的权利。

华盛顿
Huashengdun

他在解散各州议会之后，又长期拒绝另选新议会；但立法权是无法取消的，因此这项权力仍由一般人民来行使。其实各州仍然处于危险的境地，既有外来侵略之患，又有发生内乱之忧。

他竭力抑制我们各州增加人口；为此目的，他阻挠外国人入籍法的通过，拒绝批准其他鼓励外国人移居各州的法律，并提高分配新土地的条件。

他拒绝批准建立司法权力的法律，借以阻挠司法工作的推行。

他把法官的任期、薪金数额和支付，完全置于他个人意志的支配之下。

他建立新官署，派遣大批官员，骚扰我们人民，并耗尽人民必要的生活物质。

他在和平时期，未经我们的立法机关同意，就在我们中间维持常备军。

他力图使军队独立于民政之外，并凌驾于民政之上。

他同某些人勾结起来把我们置于一种不适合我们的体制且不为我们的法律所承认的管辖之下；他还批准那些人炮制的各种伪法案来达到以下目的：

在我们中间驻扎大批武装部队；

用假审讯来包庇他们，使他们杀害我们各州居民而仍然逍遥法外；

切断我们同世界各地的贸易；

未经我们同意便向我们强行征税；

在许多案件中剥夺我们享有陪审制的权益；

罗织罪名押送我们到海外去受审；

在一个邻州废除英国的自由法制，在那里建立专制政府，并扩大该州的疆界，企图把该州变成既是一个样板又是一个得心应手的工具，以便进而向这里的各殖民地推行同样的极权统治；

取消我们的宪章，废除我们最宝贵的法律，并从根本上改变我们各州政府的形式；

中止我们自己的立法机关行使权力，宣称他们自己有权就一切事宜为我们制定法律。

他宣布我们已不属他保护之列，并对我们作战，从而放弃了在这

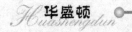

里的政务。

他在我们的海域大肆掠夺，蹂躏我们沿海地区，焚烧我们的城镇，残害我们人民的生命。

他此时正在运送大批外国雇佣兵来完成屠杀、破坏和肆虐的勾当，这种勾当早就开始，其残酷卑劣甚至在最野蛮的时代都难以找到先例。他完全不配作为一个文明国家的元首。

他在公海上俘虏我们的同胞，强迫他们拿起武器来反对自己的国家，成为残杀自己亲人和朋友的刽子手，或是死于自己的亲人和朋友的手下。

他在我们中间煽动内乱，并且竭力调唆那些残酷无情、没有开化的印第安人来杀掠我们边疆的居民；而众所周知，印第安人的作战规律是不分男女老幼，一律格杀勿论的。

在这些压迫的每一阶段中，我们都是用最谦卑的言辞请求改善；但屡次请求所得到的答复是屡次遭受损害。一个君主，当他的品格已打上了暴君行为的烙印时，是不配做自由人民的统治者的。

我们不是没有顾念我们英国的弟兄。我们时常提醒他们，他们的立法机关企图把无理的管辖权横加到我们的头上。我们也曾把我们移民来这里和在这里定居的情形告诉他们。我们曾经向他们天生的正义感和雅量呼吁，我们恳求他们念在同种同宗的分上，弃绝这些掠夺行为，以免影响彼此的关系和往来。但是他们对于这种正义和血缘的呼声，也同样充耳不闻。因此，我们实在不得不宣布和他们脱离，并且以对待世界上其他民族一样的态度对待他们：和我们作战，就是敌人；和我们和好，就是朋友。

因此，我们，在大陆会议下集会的美利坚联盟代表，以各殖民地善良人民的名义，非经他们授权，向全世界最崇高的正义呼吁，说明我们的严正意向，同时郑重宣布：这些联合一致的殖民地从此是自由和独立的国家。并且按其权利也必须是自由和独立的国家。它们取消一切对英国王室效忠的义务，它们和大不列颠国家之间的一切政治关系从此全部断绝，而且必须断绝！作为自由独立的国家，它们完全有权利宣战、缔和、结盟、通商和采取独立国家有权采取的一切行动。

为了支持这篇宣言，我们坚决信赖上帝的庇佑，以我们的生命、我们的财产和我们神圣的名誉，彼此宣誓。

华盛顿
Huashengdun

德兰敦和普林斯顿的捷战

虽然有三万名英军登陆史坦登岛，可是霍威将军却按兵不动，并未立刻发动攻击。他首先下了一道最后通牒，限华盛顿在一个月内投降谢罪。事实上，霍威也有所顾忌，如果贸然发动攻击，说不定又会重蹈邦克小丘和罗基斯坦小丘的覆辙，以至于一败涂地。

华盛顿则一口回拒。他坚决表示，没有人可以动摇他不惜一切代价捍卫纽约的决心。

布鲁克林小丘上的一万名美军在风雨飘摇中尽力死守，华盛顿在最后一刻还坐镇指挥，后来由于后路被敌方切断，不得不忍痛下令撤退。

美国独立战争中的民兵

倾盆大雨，浓雾弥漫。一万名美军全部安全撤退，秩序井然，连武器、弹药、粮秣等军需物资也全部搬运到对岸，当华盛顿本人乘坐最后一艘小艇撤退时，天已快亮了。此刻敌方才发觉情势不对，急急从后面追赶，华盛顿这时早已重整军备，严阵以待了。

华盛顿能够顺利地撤退，得归功于飓风的掩护以及霍威将军的大意。

那天晚上，年轻的将校参谋们，盖着毛毯躺在营地的帐篷中交头接耳。

"喂！你有没有看到气急败坏由后追赶来的霍威将军的脸色？"

"嗯，当然有啦！他好像是只发疯的老虎，假如那时我们动作迟缓些的话，可能就会被他给吞噬掉。"

华盛顿虽然幸运地躲过一劫，但是他的前途仍是坎坷崎岖，荆棘重重。

军队中任期届满可以退役的士兵，都急急整理行囊准备回家。而且逃兵日益增多，兵员逐步在减少；弹药也将要用完。

华盛顿退到普林斯顿时，只剩下 300 名的兵力。

"目前只有赶紧募集新兵，倘若失败那就再也无法挽回局势了。"华盛顿心急如焚，喃喃自语着。

的确，目前的情况，给人的感觉是大势已去，政府已经从费城避难到巴尔的摩，华盛顿三番两次地请求增援，却始终未见有实际行动。

"终于将殖民地的叛乱控制住了！"霍威将军大大地舒了一口气。依眼前情势看来，这也不无道理。可是他不但不了解而且也错估了华盛顿。华盛顿韧性颇强，环境愈险恶，愈会发奋力争上游，处境越是艰难，越能激发他的勇气。

寒风刺骨的 1776 年 12 月的一天，突然有位筋疲力竭的传令兵气急败坏地向华盛顿报告说："查理斯·李将军所率领的四千名部队，在南部战败被英军俘虏。"

"将军和 4000 名兵士一起被俘？"

"可耻的是，将军脱离了部队，是在一个农夫家被逮捕的。"

华盛顿苦笑道："原来他被捕了，怪不得据说苏利文将军准备率领李将军的残部来此呢。"

虽然受到如此沉重的迎头一击，可是华盛顿却毫不沮丧，他要带领这些残兵败将再次反击敌军。

苏利文将军所率的部队虽因饥寒交迫而疲惫不堪，但士气高昂，充满斗志，再加上新募集来的士兵，兵员总数达到 6000 名左右。

"我们反击的机会来了！"华盛顿情绪高昂地下达命令。

从低矮的小丘上，可以望见德拉瓦河，水面上漂浮着冰块，对岸狭长的德兰敦街道，被沉厚的白皑皑的积雪所覆盖。

"今天是圣诞节，明天破晓时分，我们要奇袭德兰敦。"

他们拟订了缜密的作战计划，把军队编成两小队渡过德拉瓦河，准备从左右夹攻受英军雇用的 1500 名德兵所驻守的德兰敦。

以黑夜为掩护，军队默默行进在深可及膝的雪地上，伸手不见五指的夜空，雪花飘个不停，德拉瓦河的浮冰碰撞声不时传送过来，令人心惊。

河面宽约 400 米，可是在大雪纷飞的黑夜里，想乘坐小船渡河实非易事。

1000 名精锐部队中，顺利登岸的只有 350 人，而且从夜晚 10 点开始，到 3 点最后一名士兵才上岸。以如此缓慢的行动，等到抵达德兰敦时，恐怕天已大亮了。更糟的是，由于整夜在飘雪，火药都已湿透无法使用了。

华盛顿跨越德拉瓦河

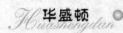
华盛顿
Huashengdun

可是，现在部队已经渡过了德拉瓦河，真是骑虎难下、进退两难，除了按照原先计划进行外别无他法。

"火药若是失效，就改用刀和剑，传令给苏利文将军，一定要占领德兰敦。"华盛顿下命令说。

英军方面，因为昨夜喝酒狂欢庆祝圣诞节，每位士兵都喝得醉醺醺的，就连上校也醉得不省人事。

"敌人来了！美军攻来了！"哨兵惊骇地大叫。刹那间，整个德兰敦市宛如捣破的蜂巢般乱成一团。

副官三步并做两步地跑至拉鲁上校房内，可是方寸已乱的上校只是一味地高喊："前进！前进！"

阵脚大乱的士兵纷纷被枪弹射中，有的倒在窗口，有的挂在篱笆上。突然，拉鲁上校的腹部中了一枪，"砰！"地一声猝然倒在地上。

他企图以军刀支撑身体再次站立起来，终因失血过多，脸色苍白地倒在地上再没起来。

群龙无首的英军四处逃窜，有些藏于屋檐下，有些举手投降，1500名英军中，侥幸逃走的只有500人，其余的不是被杀就是被俘，美军大获全胜。

美国军旗傲然耸立在积雪盈尺的德兰敦。

德兰敦惨败的战报，传到霍威将军耳中，他气得浑身发抖，发誓说："我决不会放过那只老狐狸！"

他立即命令驻在普林斯顿的康华利将军出动大军。华盛顿得到消息后毫不畏惧地说："好啊！假如他们胆敢进攻德兰敦，我就给他们来个措手不及，去突袭普林斯顿。"

战斗中的华盛顿

为了不让敌人知道虚实，美军利用烟雾作为掩护，迅速退出德兰敦。

英军则以烟火为目标，快速推进到德兰敦，当他们冲进德兰敦时，一个人影都不见了。

"别让那只老狐狸逃走。"霍威将军怒不可遏地说。

此时的华盛顿抄近路已逼近普林斯顿，他们和英国的留守部队，展开了一场激烈的战斗。

"中计了！"打头阵的英军莫沙上校受到重创，他从马背上摔落之际，还看见挥帽骑着白马驰骋而去的华盛顿背影。

"万岁！"美国军心大振。

美军就这样轻而易举地占领了普林斯顿。

欧洲反英同盟的缔结

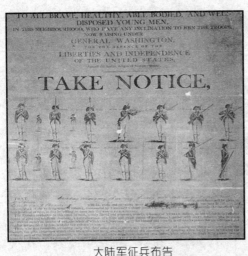

大陆军征兵布告

由于德兰敦和普林斯顿的大获全胜，华盛顿的声名轰动全国。但就整体而言，美军处于劣势的状况仍未改善。

逃兵接二连三地出现，兵力愈来愈薄弱，弹尽粮乏，甚至连何时会断粮都不敢预料。如果这种情况为敌军洞悉，后果简直不堪设想！

为情势所迫，华盛顿只得把士兵分配到附近的农家居住，而

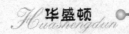

且故意时常调换住处，让英军误以为大军群集于此。

"美军募集的新兵已陆续抵达，军力大增。"

他们故意这样散播假消息以蒙骗英军。

此时对英军来说，是消灭美军的最好良机，没想到霍威将军冬天一到反而开始撤退。因此美军能得以免于被歼灭，完全是托英军"冬眠"之福。

华盛顿把司令部设在荷立谷，那里是一个既无森林亦无小丘的荒废平原，寒风不分昼夜地吹袭着。连大气都不敢喘地躲在如此荒凉的溪谷，给人一种快要窒息的感觉。

可是美军的实力仍未获改善，如果和英军正面交锋的话，那是必败无疑。所以他们时常突出奇兵，使敌军闻风丧胆，尽量避免与英军主力决战，以便趁此机会储备兵力。

这一年冬天，美国国会通过了长期兵役制度，以前服役任期只有短短的三个月，好不容易训练成的精锐部队，难得地打一场胜仗后就要退伍了。国会决定实施长期兵役制度，这样华盛顿才能够编练一支真正的军队。

第二年春末夏初，流传着霍威将军率领舰队，浩浩荡荡朝南方赶过来的消息。果然不久，一位年轻的参谋——哈米尔顿上校策马飞奔而至。

"报告司令官，我们发现敌舰正在通过德拉瓦半岛沿海。"

"这么说敌军的目标还是费城啦，好，立刻集合参谋们，午前要召开参谋会议。"

费城当时是美国政府所在地，此处一旦为敌方所夺，对整个战况会有重大的影响。华盛顿决心阻止敌军，不让其诡计得逞。于是他跃上马背奔驰而去。

华盛顿初次和法国年轻的贵公子拉斐雅埃德会面，就是在这种情况下。这位潇洒的异国年轻贵族，追求自由和独立，怀抱着远大的理想，所以特意千里迢迢地来到美洲。

"我已被任命为义勇军少将，请阁下派给我一个连队。"拉斐雅埃德热切地请求华盛顿说。

华盛顿
Huashengdun

援助美国独立战争的
法军将领拉裴雅埃德

华盛顿对这位远渡重洋，参加独立战争的年轻人颇具好感，当下立即任命他为参谋。

"那位贵公子将来一定会成为优秀的军人。"华盛顿这样对别人说道。

费城的攻防战进行得不太顺利，敌军所采取的战略，是先从正面攻击，吸引美军的注意，使美方的火力全部集中于此。然后利用他们防备上的疏忽，才由右翼攻其不备，美军完全没想到英军会突出奇招，不幸中了英军的诡计。

华盛顿立刻召集所有的军队，在右翼开辟第二战线，这样才总算勉强支撑住大局。可是正面仍然显得兵力过于薄弱，以致霍威将军的主力部队轻而易举地突破了战线。

日暮时分，已经疲惫不堪的美军部队迫不得已只好将遭受重创的一千名战友留弃在战场上，全军大举撤退。

首都费城终于沦入英军之手。华盛顿再度避入荷立谷，把军队重新编制，图谋东山再起。

将领的背叛

1777 年 10 月末，一个快报从北方传来——"凯兹将军在萨拉多加攻破敌方大军。"这场战役成为美国独立战争的转折点，增强了美国人民争取胜利的信心。

实际上这次战役并不是美军凭实力取胜的，而是英方自己作茧自缚，自陷死路。急于立功的英军巴谷因将军，率领大军从加拿大偏远地区向北部长驱直入，计划突击美军，这实际上根本就是个有勇无谋的策略。因为像那种没有道路的森林地带是无法搬运武器、弹药和粮食的。

果然，一路上经常遭受在附近开农场的美国殖民者的袭击，这严重地威胁到了他们的输送路线。那些殖民者每当英军反击时，就拔腿逃跑，等到英军停止射击，他们又群拥而至。这种高明的游击战术令英方束手无策。

当英军筋疲力尽地抵达萨拉多加时，立即遭受美军的围攻，使得他们全无还手之力，最后连巴谷因将军也成了俘虏。

当大家正在为首都费城被攻占而意志消沉时，这个捷报无异是一针兴奋剂，使得大家欣喜若狂，雀跃不已。各地到处鸣钟、放焰火狂欢庆贺，国旗也满天飞舞。

"凯兹将军万岁！"的欢呼声响彻云霄，回荡在山谷中。凯兹将军的英名如日中天。

1778 年 5 月初，一个令人欢欣鼓舞的消息把他们的愤慨吹得烟消云散。

"万岁！将军你终于能和我的国家并肩作战了。"拉斐雅埃德兴奋地抱住华盛顿高声喊叫。

原来法国终于和美国缔结盟约向英国宣战，从此以后，美军不必再孤军奋斗。 法国的军舰、军费及军需品等将源源不断供应给美国。

"我从来没有这么高兴过!"华盛顿在写给议会的信中如此表明其心情。

接着西班牙也加入联盟,不久荷兰也成为英国的敌人,另外由于俄国的登高一呼,欧洲各国也都缔结武装中立同盟,英国已经无法再将世界当作囊中之物而横行霸道了。

华盛顿军营的大帐幕前,有一名副官毕恭毕敬地站立着。

"属下们已全部到齐在恭候您了。"

"好,我马上去。"华盛顿叠好文件立起身来。

这是一个决定胜负成败的军事会议。 英将霍威将军已返回本国,留守的英军克林顿将军突然从占领地费城撤军。

费城是座易攻难守的城市,对美国而言不过是临时首都,丢失了并无大碍,政府迁到其他城市就可以了。 而对英军就完全不同了,防卫首都的重任好比是一个大包袱,愈来愈压得他们透不过气来。

英军云集费城,武器、弹药、货车、粮食等一大堆人马浩浩荡荡地开始撤退。

"好机会!"华盛顿得到这个消息,立刻研究追击敌军的办法。

可是,想从后面奇袭,目前的兵力仍过于单薄,但如果放过这个绝好良机,却又太可惜。 因此这次会议在座人士分为了两派。

"如果任凭敌军扬长而去,这样美军不是显得太懦弱了吗?简直是奇耻大辱!"

1778 年冬季,华盛顿在瓦利福齐检阅其陷入饥饿困境的军队

持此激烈主张的是法国贵族拉斐雅埃德。另一些人士则持相反意见。

"那太冒险了！不，可以说是毫无谋略的举动。"这是查理斯·李将军的主张。

经过一番激烈的舌战，经验丰富的沙场老将都大力反对，而年轻的参谋们却都主张一战。双方就此相持不下，互不让步。

华盛顿一言不发，默默地凝神倾听双方的辩论。

不久，他立起身来，以凝重的口气道："这的确是一场相当危险的战争，不过为了美国的独立，我愿冒险一试。"于是辩论结束，一切就此决定下来。

命令一下，传令兵立即飞奔而去向各地传达会议的决心。

1778年7月28的芒玛斯之战，可谓是一场决定生死的战斗。炮弹不断地呼啸而过，地面上的士兵灰头土脸地忙着调整大炮的位置和搬运炮弹。

灰蒙蒙的烟土弥漫了整个天空，只有一轮红日在猛发威力地在炙烤着大地。

此时，华盛顿突然发现美军有部队在后退。

"啊，是不是打败了？"英勇过人的华盛顿脸色为之一变。然而事实上并非如此，原来最初就反对作战的李将军竟然在尚未决定胜败的情况下就自作主张下达撤退命令。

"这是抗命，李将军是个叛逆！"拉斐雅埃德咬牙切齿，恨不得立刻去逮捕李将军。

性急的华盛顿此时也因盛怒而颤抖不已。

"叛徒！"华盛顿大喝一声，亲自站在阵前指挥。他迅速重整军容，终于将敌军逼到沼泽地带。

令人遗憾的是，这时已日落西山，准备一举歼灭敌军的计划不得不忍痛放弃。

"如果不是那个胆怯的叛徒……"年轻的参谋们，个个痛恨不止。

这次虽未能一举歼灭敌军，可是华盛顿勇战英军的苦心并没有白费。 在和英军正面冲突的芒玛斯一战中，美军实力雄厚的事实呈现在世人眼前，更大大地振奋了法国以及各同盟国的军心，鼓舞了他们的士气。

一个夏日的午后，华盛顿和年轻的参谋们正坐在树荫下的草坪上闲聊时，韦恩参谋突然来访。

"假如有人譬如法王愿意满足您的愿望，请问阁下所希望的是什么？"

将军沉思了一会儿，才说道："我只有一个希望，那就是海军部队。"因为当时海权被英方所控制，英方可以用军舰运送兵员去攻击各地，这使美军常常深受其苦。

不久，华盛顿的这个唯一愿望终于快要实现了。

一天早晨，华盛顿就把拉斐雅埃德叫到指挥部，微笑地对他说："告诉你一个天大的好消息，法国的雷斯当将军将率舰队到德拉瓦河口。"

拉斐雅埃德高兴地跳了起来，即刻拟定作战计划，预定法国舰队从海路，美军经由陆路攻击纽约的英军，将他们一举歼灭。

可是这一计划最终却成为泡影，因为雷斯当将军所率的舰队有些船只搁浅在海滩，并且遭受到飓风的袭击。 正在这危急的当口，阵容庞大的英舰竟然神不知鬼不觉地出现了，法舰只得狼狈地逃往西印度群岛。

华盛顿坐在阵地的营火前，双手抱胸沉思。

"该如何度过这个冬天呢？"这时，武器、弹药又开始匮乏了，政府连粮食都不能充分供应，军队已处于半饥饿状态。 尤其令华盛顿痛心的是培内特克多·阿诺尔德的背叛。

阿诺尔德在多次战役中皆身先士卒，表现得非常英勇，是华盛顿最信任的猛将，没想到他竟暗通英军，策划着欲将西部要塞以及其他阵地交给英军。

一天晚上，毫不知情的华盛顿，正准备去看望阿诺尔德。当时，华盛顿的副官们正和阿诺尔德一起进餐，突然有位使者送来一封信，阿诺尔德拆阅后，顿时脸色大变。

"各位，失陪一下。"就这样，阿诺尔德惊惶失措地逃到英舰上，这封信就是英军将领通知他阴谋已泄露的密函。

迟了一步抵达阿诺尔德家中的华盛顿，得悉过去把他当作自己孩子般呵护的阿诺尔德，竟然会背叛自己，内心实有如刀割般地痛楚。他整夜不能入睡，哨兵听到华盛顿通宵都在房内踱来踱去的脚步声。

富有同情心的华盛顿命令一位士官说："去告诉阿诺尔德夫人，我无论如何一定要把他抓回来。劝她千万不要过于哀伤，阿诺尔德现在平安无事地在英舰上。"

★✪✪ 资料链接 ✪✪★

萨拉托加大捷

1776 年 6 月，英国殖民政府命令柏高英率领英军从加拿大的蒙特利尔出发，沿着普伦湖及哈得逊河南下，又命令圣内杰率领另一支武装队伍，从安大略湖向东南进军，都以奥尔巴尼为进军目标；又命令纽约方面的英军溯哈得逊河北上支援，妄图切断华盛顿部队与新英格兰的联系，包围新英格兰。但后两支英军均未按时完成任务，只有柏高英的部队孤军深入。他们穿越森林、沼泽和陡峭的峡谷，粮草供应极为困难。美国人民这时砍伐树木，阻塞道路，使英军行进十分缓慢。新英格兰各州民兵两万余人迅速集中，击溃了柏高英的部队，并将5000 名英军包围在萨拉托加。柏高英多次企图突围，均未得逞，被迫于 10 月 17 日向美国的盖茨将军投降。这次战役，美国俘虏了 6 名英国将军、300 名军官和 5000 名士兵，史称萨拉托加大捷。萨拉托加大捷扭转了整个独立战争的战局，不仅增强了美国人民争取胜利的信心，也为美国人民抗英斗争创造了有利的国际条件。从此美军从战略防御转入战略进攻。

133

约克敦战役

17 80 年 5 月，英方进军南部，终于占领了查理斯敦海港。被称为"萨拉托加英雄"的凯兹将军在这次战役中一败涂地，英军迅速朝北卡罗莱纳进军。

1777 年 6 月 14 日正式使用的美国国旗

华盛顿马上指派古林将军到南部战线防守。 这位勇将果然名不虚传，他巧妙地将得意忘形的英军引诱到内地，然后模仿印第安人的游击战术去攻击他们，结果大获全胜，终于断了英军企图进入弗吉尼亚的念头。

有利于美军的时机终于来临了，华盛顿立刻召来拉斐雅埃德，对他说："弗吉尼亚是我的故乡，我真希望能亲自出阵。可是，作为总司令我必须坐镇指挥，只好将此任务委托你了。"

"遵命。"年轻的贵族公子脸上闪着异样的光彩。

1781 年 9 月 28 日，华盛顿率军在去往约克敦的路上

"敌方有 7000 名士兵，而我军却仅有 1200 名。"

"这不成问题，我很感激将军的知遇之恩。"

拉斐雅埃德雄赳赳气昂昂地率军出发了。

为了以少胜多，拉斐雅埃德时而将敌军诱至右翼，时而又将其骗到左翼，采取声东击西的战术，巧妙地避开冲突。偶尔也突发奇兵骚扰英军，使得敌军疲于奔命。拉斐雅埃德计划等援兵来到，时机成熟的时候才发动总攻击。

华盛顿忙着准备进攻纽约，正好此时法国的新舰队已经抵达，而且新舰队在途中和西印度的舰队会合，使得罗希曼司令所率领的这支舰队，竟然变成一支出乎意料的庞大舰队。

他们原计划海陆互相呼应，攻击敌方根据地纽约，没想到英军想从海路将援兵送到约克敦。华盛顿得到这个消息，立即改变了作战计划。

"敌方的主力部队移到约克敦，我们不妨把纽约暂且撇下不管，先攻打约克港。"

于是他们一方面建造一座巨大的烘烤面包炉来迷惑对方，一方面四处散播消息，使英方误以为他们要全军围攻纽约。华盛顿则利用这段期间，率军偷偷赶往弗吉尼亚。

当华盛顿一行进入旧首府威廉·史帕克时，民众欢声雷动。

城内载满武器、弹药的货车不计其数，另外还有星条旗、三色旗以及美军和法军的军服。

美、法联军在约克敦战役中痛击英军

一切都进行得相当顺利，停泊在契沙比克湾的是罗希曼司令所率领的法国舰队。将约克敦围成半圆形，密密麻麻甚至连只蚂蚁都无法潜入的则是华盛顿所率领的美军。

从环绕在约克敦四周的高地上望去，白烟袅袅，密集的炮弹让人喘不过气来。

纳尔逊行政长官一面举着望远镜观测，一面对华盛顿说道："现在英军的司令部就是我以前的宅邸，射击那房子的任务，就请让我来做吧。"

如此激烈的攻坚战持续了一个月之久。1781年10月6日深夜，敌将康华利将军为情势所迫，偷偷召集各部队长，说："很遗憾，我们必须要撤出约克敦了！"

当晚月亮躲在乌云中，漆黑的天空，飘着几点小雨，是一个逃跑的最好机会。康华利将军以迅雷不及掩耳的速度将16艘小

英军司令康华利向华盛顿投降

艇放下，仅带了极少的士兵，沿着岩壁慢慢滑行，想偷偷潜出约克港。

哪想到天有不测风云，被认为最适宜逃走的时候，天空突然间下起倾盆大雨，暴风卷起巨大的海浪，16艘小艇就像落叶般地随着风浪漂荡在海面上。

在海面上东漂西荡了好几个小时，直到东方已现鱼肚白时，他们才发现这些小艇一步也没有漂离要塞。

"糟糕！我们只是在原地打转而已。"康华利将军不禁大惊失色。可是已无计可施，因为法舰不知何时已冒着暴风，逐渐逼近港口了。

10月11日晚上，美军开始突击仅存的堡垒，康华利将军在枪林弹雨中好不容易才躲入城内，城内已是遗尸累累，耳中尽是城外美军气势逼人的欢呼声。

不久，要塞上一面白色旗子，垂头丧气地缓缓升起。

突然有人高呼"万岁"。

"胜利了，我们大获全胜了！"华盛顿一面喃喃自语，一面凝视着飘扬在天空的白旗。

双方讲好投降条件后，决定于10月19日举行开城典礼。

英军垂头丧气，狼狈不堪地鱼贯出城，不一会儿，要塞上升起的美国星条旗，就飘扬在徐徐吹拂的秋风中了。

华盛顿骑在马上的雄伟英姿，宛如一幅画像。他纹丝不动地凝望着这幅令人感动的景象。

约克敦战没

1778年6月法英开战，西班牙也于1779年6月对英作战。俄国于1780年联合普鲁士、荷兰、丹麦、瑞典等国组成"武装中立同盟"，打破英国的海上封锁。1780年12月荷兰进一步加入法国方面对英作战。北美独立战争扩大为遍及欧、亚、美三大洲的国际性反英战争，英国陷入空前孤立的境地。在南部战场上，美国大陆军和民兵以游击战和游击性的运动战与敌周旋，日趋主动。在1781年的吉尔福德之战中，英军伤亡惨重。在大陆军和民兵的持久消耗下，英军渐感力量不支。

1781年4月英军在康华利率领下，实行战略收缩，向北退往弗吉尼亚。美军格林部乘势挥师南下，在民兵游击队配合下，拔除英军据点，收复了除萨凡纳和吉尔斯顿之外的南部国土。

1781年4月～1783年9月，为战略反攻阶段。1781年8月，康沃利斯率7000名英军退守弗吉尼亚半岛顶端的约克城。此时在整个北美战场英军主要收缩于纽约和约克城两点上。1781年8月，华盛顿亲率法美联军秘密南下弗吉尼亚，与此同时，德格拉斯率领的法国舰队也抵达约克敦城外海面，击败了来援英舰，完全控制了战区制海权。9月28日，1.7万名法美联军从陆海两面完成了对约克敦的包围。

在联军炮火的猛烈轰击之下，康华利走投无路，于1781年10月17日即伯戈因投降的第四个周年纪念日，请求进行投降谈判。10月19日，8000名英军走出约克敦，当服装整齐的红衫军走过衣衫褴褛的美军面前一一放下武器时，军乐队奏响了《地覆天翻，世界倒转过来了》的著名乐章。

约克敦战役后，除了海上尚有几次交战和陆上的零星战斗外，北美大陆战事已基本停止。1782年11月30日，英美签署《巴黎和约》草案，1783年9月3日，英国正式承认美国独立。

美国第一任总统

　　我无意彻底排斥爱国主义观念。我知道它存在，并且我知道它在当前的争端中起到了相当的作用。但是我敢断言，一场伟大持久的战争绝不能仅仅靠这个原则来支撑，还必须有对于利益或回报的预期。

——乔治·华盛顿

华盛顿
Huashengdun

全力推行共和制

约克敦战役的大获全胜，使得美国独立战争实际上暂时告一段落，英国已无心恋战，所以不再把军队源源送到美国。可是美方仍不敢稍有松懈，因为英军在纽约和查理斯敦仍有 3 万名兵员驻扎在那里。

美国政府仍旧懦弱无能，根本没有力量维持全国秩序，而且各州的意见分歧，呈现出一片混乱的局面。由于联合政府没有课税权，已经到了连军饷都发不出的地步。

"不能再继续这样下去，最好以军力来整顿秩序。"提出这种论调的人愈来愈多。

事实上目前有能力统一美国的只有华盛顿所率领的军队。

有一天，哈弗莱上校登门造访，他发现华盛顿和往日不大一样，正因盛怒而颤抖不已，询问后才得知，原来是看了雷温尼古拉上校的来信才如此的。

这封信的内容，大致是说美国现在急需一位由人民选出的国王来维持秩序，整顿目前混乱的局面，华盛顿是出任国王的最佳人选。

"混蛋！不识大体的家伙！"华盛顿将那封信丢置一旁，兀自破口大骂。

"在人民之上再组织一个军政府，我可没说过这种让人民怀疑的话，这个大混蛋！至于才识兼备够资格来领导政府的人士多的是。再说，我们的国家一定要彻底实行共和政治。如果不能遵循这一原则，意图采行其他政体的，都是叛逆！"

他的脸庞因愤怒而扭曲，让人看了害怕。

当时，军队的情况使得华盛顿忧心忡忡，因为已经有好几个月都没有发饷，不满的情绪逐日高涨，已经快接近爆发点了。自从 1781 年 10 月约克敦陷落已满一周年，同时和英国也已签订了和约，大家都认为战争已经结束，各州的态度愈来愈冷淡。

华盛顿想尽办法催促政府，却始终没有令人满意的答复。因此军中充满了火药气息，还出现了秘密传单，差点就酿成暴动。

华盛顿召集部下，把困境向他们说明，以安抚他们不满的情绪。

看到华盛顿走了进来，房间内正嘈杂不休的将校们突然鸦雀无声。

华盛顿初次就任总司令时，是位正值 43 岁英年的将军，如今站在他们面前的华盛顿，已经是两鬓斑白，额头布满皱纹。

华盛顿从口袋掏出一封信函，将老花眼镜戴上，然后说道："抱歉！请原谅我必须戴上眼镜，因为长期操劳军务，以致头发斑白，眼睛也老花了……"

听了华盛顿这短短的几句话，全场的将校们都热泪盈眶。

在无数次战役中，骑着白马驰骋在前线，亲自举着指挥刀作战的将军，对加诸于他身上的非难和中伤，一直忍气吞声。这位献身于军务的将军，在政府发不出薪饷时，自始至终和士兵们同甘共苦，为了部属的被服、粮食及薪饷，一直站在他部下这一边，尽力向庸弱无能的政府交涉，不知道付出了多少的辛劳！

这位公忠体国、爱护部属的将军，以坚决的语气向他的士兵保证："对于你们合理的要求，我将竭尽全力去争取。"

嘘嘘声此起彼落，当华盛顿离开后，一股浓烈的火药味已烟消云散了。

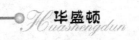
华盛顿
Huashengdun

不久，一艘在费城下锚的法国船只"特里温福号"，响起了叮叮当当的钟声，水手们高声地喊叫。

"战争结束了！"

"美利坚合众国万岁！"

他们带来了英国终于承认美国独立的消息。

从 1783 年夏天开始，载满英军的船只从纽约港撤出，直到秋天才全部撤完。 9 月 3 日双方正式在巴黎签订和约，战争终于正式落幕。

美国独立战争

美国独立战争也称"北美独立战争"。 18 世纪后半期，英国在大西洋沿岸建立了十三个殖民地。 每个殖民地都由英国派来的总督统治。 这时的殖民地已经开发了大量的种植园，建立了纺织、炼铁、采矿等多种工业，经济比较繁荣。 英国政府为了增加财政收入，不断增加殖民地的税收，对殖民地进行蛮横地压榨和残酷地剥削。 1765 年，英国人又想出个新花样——印花税。 他们规定，一切公文、契约、合同、执照、报纸、杂志、广告、单据、遗嘱，都必须贴上印花税票，才能生效流通。 这激起殖民地人民极大的愤怒。 于是，"自由之子"、"通讯委员会"等秘密反英组织相继出现，各地都发生了反英事件，抵制英货、赶走税吏、焚烧税票、武装反抗等。 这一切引起了英国政府的恐慌，他们立即派军队镇压。 1770 年 3 月 5 日，英军在波士顿向手无寸铁的市民开枪，当场打死 5 名市民，打伤了 6 人，制造了震惊北美的"波士顿惨案"。 反英的怒火在殖民地人民心中燃烧，一场争取独立和自由的战火即将在北美大陆上燃烧起来。 英政府禁止殖民地人民去阿巴拉契亚山以西的地方开垦荒地，还向殖民地的人民征收苛捐杂税，在殖民地倾销商品。 1773 年的一个夜晚，一群波士顿青年登上一艘停泊在港口的英国运茶船，把 300 多箱茶叶统统倒入大海，史称波士顿倾茶事件。

华盛顿
Huashengdun

　　1775 年 4 月 19 日，莱克星顿的枪声震动了大西洋沿岸的 13 个殖民地，美国独立战争从此开始。为了联合抗英，北美第二届大陆会议于 6 月 14 日决定，建立各殖民地联合武装力量即大陆军，任命华盛顿为总司令。10 月 13 日，又决定建立大陆舰队。1776 年 7 月 4 日，大陆会议通过《独立宣言》，宣告美利坚合众国诞生。战争初期，双方力量相差悬殊。英国是世界上最强大的殖民国家，拥有世界第一流的海军，驻北美英军约 3 万人，装备精良，训练有素；北美殖民地人口仅 300 万，兵力不足，装备落后，缺乏训练。但是，战争的正义性和进步性左右了战争的进程和结局。

　　这次战争可分为前后两个阶段。1775～1778 年为战争的第一阶段，主战场在北部，英军占据优势。战争开始后，英军主动进攻，企图迅速扑灭殖民地的革命烈火。其总的战略是：海军控制北美东部沿海，以陆军分别从加拿大和纽约南北对进，打通普兰湖、哈得逊河谷一线，以孤立反英最坚决的新英格兰诸殖民地，然后将其他殖民地各个击破。大陆军因力量薄弱，除战争初期远征一次加拿大外，基本上处于守势，采取待机破敌、争取外援的方针。1775 年 5 月，各殖民地民兵主动进攻，并围困波士顿。6 月 17 日，殖民地民兵在波士顿外围邦克山战斗中首战告捷，歼灭英军 1000 人。1776 年 3 月，威廉·豪指挥的英军被迫从波士顿撤至哈利法克斯待援。8 月底，豪率英军 3.2 万人，在海军舰队配合下进攻纽约。华盛顿率近 2 万人与英军打阵地战，结果损失惨重，被迫于 11 月率余部 5000 人撤往新泽西，英军占领纽约。当年圣诞节前夕和新年之夜，华盛顿利用英军疏于戒备之机，奇袭德兰敦和普林斯顿得手，俘敌近千人，士气大振。1777 年夏，约翰·伯戈因率 7000 名英军从加拿大南下，企图与豪会师。但豪未按计划北上，反而率军 1.8 万人南下，于 9 月夺取了大陆会议的所在地费城。伯戈因孤军深入，行至萨拉托加地域时，遭到 1.2 万名美军和游击队的围攻，5000 名英军被迫于 10 月 17 日向美军投降。萨拉托加战役成了这场战争的转折点，促使法国、西班牙、荷兰先后对英宣战。形势的变化，迫使英军于 1778 年 6 月放弃费城，决心退守纽约。随之，北部战争便出现了僵持的局面。

　　1779～1781 年为战争的第二阶段，主战场转到南部，美军以弱胜强。英军新任统帅克林顿上任后，利用南部"效忠派"较多和靠近西印度群岛的有利条件，调兵遣将，决心将英军主力转移到南部，企图对美南部诸州各个击破，并依托沿海基地和纽约遏制北部。北美大陆军则力图与法国陆海军配合，控制沿海基地，同时积极开展游击战，打破英军的计划。1778年底，英军攻取佐治亚州首府萨凡纳，揭开了在南方发动强大攻势的序幕。1779年秋，南方美军司令林肯会同德斯坦指挥的法国舰队进攻南部英军主要基地萨凡纳，受挫。1780年春，克林顿率领1.4万名英军对查尔斯顿实施陆、海两面包围，迫使林肯部5000余人投降，并缴获军舰4艘，使美军遭受了整个战争中最大的一次损失。事后，克林顿率英军一部回师纽约，留下康沃利斯指挥7000英军控制南方陆地和沿海。这就为南部民兵游击队活动提供了方便。大陆会议委派格林为南方美军司令，偕同摩根到南方开展游击战，先后于1781年1月和3月，在考彭斯和吉尔福德等地大胜英军，迫使英军从内地向沿海撤退。同年8月，康沃利斯率南方英军主力退守弗吉尼亚半岛上的约克敦。10月19日，华盛顿统率美法联军1.6万余人对约克敦实施围攻，歼灭英军主力7000余人，取得了这次战争的决定性胜利。约克敦战役的胜利导致了英国内阁的倒台。1782年11月30日，英国新政府与美国达成停战协议。次年9月3日，双方在巴黎签订和约，英国被迫承认美国独立。

在这一阶段，国际环境日益朝着有利于美国的方向发展。萨拉托加大捷后，法国、西班牙、荷兰等改变了动摇不定的观望态度。1778年2月法美签订军事同盟条约，法国正式承认美国。

1783年11月25日，最后一批英国军队乘船离开的那天，华盛顿率领军队进入了纽约市。

全市一片旗海，白天礼炮鸣放不停，晚上只见五彩缤纷的焰火，不断地在天空中绽放着耀眼的火花。

华盛顿和他心爱的部下告别的日子终于来临了。惜别会在福洛廉斯馆的大厅举行，华盛顿频频举杯庆祝美国的独立，内心却百感交集，默默地沉思良久。

"我现在只有以充满爱和感谢的心，来向各位告别，诸位半生投身于戎马，功绩显赫，盼望今后都有一个幸福的日子，我虔

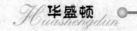

诚地祝福各位。"

　　和他感情最为深厚的诺古士将军，一步一步走向前去，华盛顿激动地和他紧紧地拥抱在一起，其他将士也争先恐后地和他们所敬爱的将军握别。 当华盛顿乘坐的小船缓缓驶离哈得逊河岸时，齐集在岸边、穿着褪色泛白军服的将士们一个个噙着热泪挥帽送别。

　　将总司令官的印绶交还给安那波利斯的国会后，翌日傍晚，华盛顿就带着副官比利踏上返回巴隆山庄的归程。

短暂的归乡生活

　　久违了！令人魂牵梦绕的温暖家园。

　　华盛顿一进家门，就急忙穿过灯火通明的大厅，走上二楼阶梯，他要赶着去看看两个可爱的孙子。

　　由于杰克英年早逝，他的两个孩子就由华盛顿代为抚养。

　　翌晨，这两个孩子的脸上显得一片惊异，仰看从二楼走下来的华盛顿，原来他已脱下昨天穿的那套笔挺的军装，换上了普通便服。

　　华盛顿微笑着摸摸孩子们的头说："托神的福，我终于能重新过上平民的生活了。"

　　华盛顿站在敞开着的窗户旁边，呼吸着外面的新鲜空气。他现在要去巡视农场，还得去查看木匠修筑的篱笆和凉亭。

　　重新整理已经荒废了八年的农场，还得花费一番工夫，国会曾经要让他当"荣誉市民"并给予特别津贴，却被他婉拒了。所以，如不迅速振兴农场，以后恐怕就无法缴税了。

　　华盛顿听到后面的脚步声，赶忙回头一看，原来是在马厩工作的黑人。

"早安！萨姆……咦？你怎么牵来两匹马呢？"

"我以为昨晚来的客人和您在一起哩。"

这位黑人口中的客人便是拉斐雅埃德。 战争初期他还是一位年轻的贵族，如今已长大成人，是位优秀的将军了。 约克敦一役胜利后，他暂回法国，最近才又来到美国。

玛莎和华盛顿享受在巴隆山庄里的生活

华盛顿巡视完毕回到宅邸已经 9 点了，一进大门，就听到孩子们欢乐的笑声。 仔细一瞧，原来是小华盛顿坐在拉斐雅埃德健壮的双腿上，而刚满 5 岁的妮莉，哈哈笑着直在旁边跳跃。

"早上的运动该告一段落了吧，请到餐厅用餐。"玛莎夫人微笑着说。

"要是拉斐雅埃德夫人能一块来，那就更好了。"

"爱德莉安原本也很想来，可是将孩子托佣人照顾她又放心不下。"拉斐雅埃德笑着说。

"这和我先生始终不能放心将国事交给议会和政府真是如出一辙。"夫人意味深长地加上这么一句话。

好像和拉斐雅埃德心有灵犀一点通似的，他们互相望了一眼。

"从此以后，我不再从事公职，要好好缩在自己的壳里。"

他虽然嘴里这么说，事实上仍每天和政府人士商谈国事。

华盛顿一面经营着广大的农场，一面却时常向客人慨叹，美国好不容易才能够独立，可是十三州却一点都不珍惜历尽千辛万苦所获得的成果，依然各行其是，不能团结。

"国家现在充满猜疑和嫉妒，正处于分裂之中。"

"刚开始的时候，难免会有这种现象，以后慢慢自然会步入正轨的。"

"好不容易才获得独立，如同一位获得大笔遗产的年轻继承人，如果不知珍惜却只会挥霍享受，转眼就会将家产耗费殆尽，以至名誉扫地的。"

"嗯，说的一点都不错。"

"如果各州再继续各行其是，彼此对立的话，那英国议员所谓'美国独立，只不过是场美梦'的预言，恐怕会不幸被其言中了！"

"不，不会这样的。"

拉斐雅埃德急忙纠正华盛顿悲观的想法。他认为现在美国各地刚刚萌芽的工商业正蓬勃茁壮地成长，显得朝气十足，有如初升的旭日。

"美国有才能的人不胜枚举，怎么会功亏一篑呢？"

华盛顿重重地叹了一口气道："就是有才能的人太多，才会彼此互不信赖啊！"

华盛顿和拉斐雅埃德愈聊愈起劲，他们两人共度了几天令人怀念的快乐时光。终于，客人必须要告别了，主客互相拥抱，依依不舍地互道珍重。

黑人关上了马车的门，拉斐雅埃德从窗口探出头来说："不要说分别，只要道一声下次再见。"

华盛顿一直挥手目送马车愈驶愈远，直到不见踪影，不知为什么，心里突然有一个会不会就此"别了"的念头掠过他的脑际。

华盛顿继续过着平淡、宁静的生活，可是辞卸所有公职，希望一心一意过隐居生活的愿望却一直无法真正实现。

他已经不是那位8年前应召为美军总司令而匆匆赶往波士顿的华盛顿了。每当他外出，经常有人群跟随在后，礼拜天到教堂去的时候，那些急欲一睹美国建国英雄真面目的民众常将走廊挤得水泄不通。

由于名声太过于响亮，以至于他感到恬静的生活仿佛和他绝缘似的，竟是那么难求。

西班牙国王赠予他一匹驴子，英国人赠送他一个大理石火炉，另外还有一个法国人送来了一大群猎狗。

他已经不是一位纯粹的胜利将军，而是闻名遐迩的世界性人物了。

川流不息的访客夜以继日地来到巴隆山庄谈论国事，各州州长、国会议长、外国贵宾、军人、外交家以及邻居、朋友、观光客等不断地蜂拥而至，其中留宿在巴隆山庄的访客也不计其数。此外还有像雪片般飞来的众多信件。

因此，华盛顿即使是大门不出二门不迈，对国内外的情势也了如指掌。

华盛顿最为担心的，还是他曾经和拉斐雅埃德互相讨论过的那些话题。美国历经艰难才争取到目前的独立地位，可是如今十三州却各行其是，毫无团结之意，犹如一盘散沙，完全没有同心协力缔造一个强大国家的热情。

现在国家充满猜疑和嫉妒，正处于分裂之中；好不容易才获得独立，没想到其结果却宛如一位获赠大笔遗产的年轻继承者，只知道毫无节制地挥霍享乐，转眼之间便散尽家财，一场美梦瞬时就化为乌有。

如果各州毫无止境地继续其丑恶的争执，那么美国的统一将成为幻影，已有许多人士持有这样一种想法。那就是，英国发现美国的内讧，可能会再度前来夺回其殖民地。

美国并不是没有人才，而正是因为有才能的人太多，才会彼此互不信任。倘若这种情形再持续下去，不只是英国会蔑视美国，连曾经帮助美国独立的欧洲各国，也会逐渐看轻美国。

美国在战争期间，曾向法国、荷兰、西班牙借贷了大笔款项，如今摇摇欲坠的联邦政府毫无还债能力，勉强向各州募集也只能筹到利息而已。 因此，各国纷纷指责美国政府为"蛮横政府"。 如今美国若想维护其独立的成果，除了十三州同心协力组织一强个有力的中央政府外，别无他途。

"今后政府的方针，关系到美利坚合众国的前途。 是永久屹立不动，为世人所崇敬，还是沦落到为世人欺凌的悲惨境地，现在正是我国政治接受考验的时候。"

华盛顿苦口婆心地提出以上的警告。

幸亏时势逐渐朝华盛顿所主张的方向进行。 1787 年 5 月，十三州代表终于集合在费城，举行为制订新宪法而召开的会议。

"我是军人不是政治家，绝对不能接受政府要职。"华盛顿虽坚持不接受政府授予他的职位，但是众望所归使他难以推却。因为这是华盛顿大声疾呼，诉诸于笔墨一手促成的会议，若没有华盛顿在场，那宪法制订会议又有什么意义可言！

制订新宪法

在费城举行的制订宪法会议，将要决定美利坚合众国以何种形态诞生。

费城被欢呼的人潮所淹没，教堂响起了清脆悦耳的欢迎钟声。

华盛顿最先遇到的是本杰明·富兰克林。 富兰克林在战时一直在巴黎为游说法国和其他各国帮助美国而四处奔走。 他在战后仍继续致力于美国独立工作，终于在巴黎与法国签订和约，最近才刚整装返国。

"将军！你来得正好，我们有将近十年没见面了吧！你的大名在那边可是响亮得很啊！"

富兰克林此时已是 81 岁高龄的老人，而且神经痛缠身。 可

在美法达成联盟协议后，法王路易十六夫妇接见本杰明·富兰克林

是为了国家大事，仍抱病前来。

　　各州的代表陆陆续续抵达，他们都抱着绝对要维护本州利益和权利的态度，看来想要真正统一美国并不是很乐观的。

　　"照这种情形看来，想统一十三州的提案，恐怕连一项也无法通过，而且很可能又会发生异常可怕的冲突，招致民众责难。我如果不能坚持自己的信念，将来定会悔恨莫及。明知不可为也要力争到底。我要联合正直、贤明之士朝此目标奋斗。至于成败如何只能寄托于神了。"华盛顿早就下定了这样的决心。

　　会议从 1787 年 5 月 25 日开始在州议事堂举行。当华盛顿尚未就席时，大家就提出推举华盛顿为议长的动议并立即获得全数通过。

　　华盛顿的态度非常谦虚而庄重，他说："敝人才疏学浅、经验不足，实不堪担任此一重大会议的议长之职，但我愿竭尽一己之力来完成责任。"

　　他此时简洁有力的致辞态度和就任总司令官时毫无两样。

会议的焦点，是要赋予中央政府和国会的权限。 各州好比是一个个独立的国家，如果增强中央政府的权力，就会侵害到各州的权限，绝大多数的代表都有这种顾虑。 可是，如果中央政府毫无实权、软弱无能，那么，美国充其量只是一个有名无实的合众国罢了。

费城的仲夏异常炎热，华盛顿纹丝不动地坐在议长席上，他没有发表演说，只是为尽议长之责偶尔询问代表们意见，或是在议事进行中，说一两句例行的话而已。

可是这已足够了。 如果辩论进行激烈，或议案濒临破裂边缘时，委员们就不约而同地仰看着议长席。

不发一言默默端坐在议长席的那个人，就是在漫长的八年间，承受一切加诸于他身上的打击、忍耐饥寒交迫之苦、率领无薪饷的军队奔驰于战场上、始终尽忠职守的华盛顿总司令。 他是抛弃己利、冒着生命危险、赴汤蹈火为美国独立和自由奋战不懈的伟人。

仰望到华盛顿那凛然的姿态，与会者就会意识到自己的鲁莽实在愧对华盛顿，于是便又平心静气地继续研讨解决的途径。

这个举世闻名的华盛顿，只要静默不语，就足以慑服那些滔滔雄辩的政客，使他们逐渐互相妥协。 这些暂时选出的卓越政治家齐集一堂，各自盼望美国前程似锦，跃登世界强国的地位。他们已经领悟到"小不忍则乱大谋"的道理。

当然，争论演变成白热化，议场一片混乱，好像濒临破裂边缘的火暴场面仍不免会时时出现，这时总会有许多与会者气愤地拍着桌子准备退席，此刻仍不失冷静而屡次挽救决裂危机的，就是那个已经年老了的富兰克林。

富兰克林不厌其烦地说服着诸位代表："我个人对此宪法也相当不满，我所提的建议连一个都没有被采纳。 可是纵使这部宪法并非十全十美，我也要高举双手赞成，因为我们需要一个强有力、足以领导十三州的中央政府。 不管这个政府的形态是什么样子，我深信只要妥善运用，一定会给人民带来福祉。"

乔治·华盛顿在制宪会议上讲话

由于彼此的忍让和妥协，最后万事皆迎刃而解。1787年9月17日，全体一致通过美国的建国宪法。

连续4天疲累的旅程，华盛顿的马车终于在傍晚时分，进入巴隆山庄的大门。

他高兴地摸着孙儿们可爱的小脸，和蔼地说："祖父再也不会离开你们这么久了。"这是华盛顿的肺腑之言。

翌年，当国会召开会议，正式宣布宪法的时候，华盛顿宁静的家庭生活又泛起了圈圈涟漪。每份报纸都登载着触目的大标题——推举华盛顿为总统。

在路上遇到他的行人，也都异口同声道："除您之外，没人能将全国人民的心紧紧地系在一起而组成一个强大的新国家。"人们的心中一致认为这是理所当然的事。华盛顿却困惑不已，他对在巴隆山庄的生活心满意足，觉得再无所求了。

想到要离开可以任意策马驰骋于广阔农场的可爱的巴隆山庄而千里迢迢远赴都市，华盛顿的心就一直往下沉。

"我是个垂暮之年的老人，没有资格再继续从政。如勉强接受，徒然招惹世人的谩骂。而且我对政事毫无经验和自信，倘若就任此职，以后定然会后悔莫及。"

华盛顿屡次写信给他的朋友，表示自己无法胜任。 如果强迫他告别悠闲的田园生活，对他来说实在是一项重大打击。

可是，华盛顿经过八年忍辱耐劳的奋战，才为国家争取到独立，而由此诞生出来的新宪法他也有挺身守护的责任和义务。

选举揭晓的结果，华盛顿高票当选为第一任美国总统，副总统是约翰·亚当斯。 到这地步，华盛顿知道再也无法推卸，他不能辜负国人的期望，只有将全部心力贡献给国家了。

正式前来通知华盛顿当选总统的国会秘书汤姆森风尘仆仆地赶到巴隆山庄。 华盛顿向他表明："国家赐予敝人的隆恩和信赖，我不敢再存异议，唯有以沉默来表示深深的感谢，决心秉持着真挚而热诚的态度，报答国人的厚爱。"

他毅然地挑起了这副重担。 他曾把当时的心情告诉他的挚友，说："坦白说，即将高坐在政治椅子上的我，那种心情和绑赴刑场的犯人毫无二致。"

当华盛顿坐上马车离开巴隆山庄的时候，从不远的地方传来阵阵欢呼声，那是齐集在黑人部落前面的黑人们在向他道别，有

些黑人伤心地哭泣，有些黑人对自己主人能荣任总统深感自豪。 他们不断地高呼"万岁"，华盛顿面带微笑向他们挥帽示意。

华盛顿的日记中对当时复杂的心情有如下的记载："10时许，挥别了巴隆山庄惬意的私生活以及温馨甜蜜的家，怀抱着无法言喻的沉重、痛苦的心情，启程前往纽约。"

时任美国副总统的约翰·亚当斯

华盛顿
Huashengdun

第一任美国总统

　　"不要举行盛大的庆祝仪式。"华盛顿虽曾一再地告诫属下，可是纽约仍好像欢迎凯旋归来的英雄般民众夹道、人声鼎沸，庆祝的钟声和礼炮齐鸣，几乎淹没了码头上民众的欢呼声。当华盛顿上岸时，但见星条旗、长旗构成了一片旗海，装饰得五彩缤纷的花车，更增添了热闹的气氛。民众们从窗口向华盛顿挥舞着手帕，投掷鲜花。

　　这不是寻常的欢迎场面，而是民众对这位新诞生出来的国家第一任元首由衷地表示信赖和敬爱，这完全是发自内心的真情。

　　看到民众率直地流露出真挚的情感，责任感很重的华盛顿深受感动，而且更震撼了他的心灵。他在日记中写道："随行小艇的壮观，装饰着国旗和灯泡的船只以及入城时民众的欢呼声，使我既高兴又感动，同时也更加深了我的负担。"

　　1789年4月30日在国会议事堂的阳台上举行就职仪式。庄重肃穆的宣誓结束后，就轮到华盛顿致辞了。

　　"啊！怎么了？看总统的脸色……"利亚秘书

美利坚合众国的奠基者乔治·华盛顿

向哈弗莱上校低语。

仔细一看，果然华盛顿脸上毫无血色，而且还微微地在颤抖。随从连忙搬来一张椅子，华盛顿扶着椅背坐下，双目紧闭。

他并不是急病突发。原来，这位身经百战，在面临千军万马的敌人时仍然泰然自若的将军，却在即将肩负这个重大责任的时候，感到全身发冷、颤抖，无法控制。

此时，突然有个声音在他耳畔响起：“你在害怕什么呢？这是你应尽的义务啊！神已帮助你度过多次难关，不是吗？只要诚心待人、尽忠职守，神一定会庇佑你的。”

他心中反复地这么想着，缓缓地站立起来。刚开始致辞的声音，低得让听众不知所云，后来渐渐地语调愈加有力而激昂，尤其是后面这段话，正中听众心坎，令他们感动不已。

“……神亲自为我们决定的秩序、正道和法则，凡是不能遵守或故意违抗的国民，神是绝对不会容许的。愿神圣的自由之火生生不息、绵延不断。这个共和政体的命运掌握在每位国民的手中。”

不久，星条旗冉冉上升，接着，礼炮齐响，清脆喜悦的钟声传遍全市每个角落，民众发出了震天动地的欢呼声。

就职典礼圆满闭幕。

从这天开始，他已不是一介布衣的华盛顿，而是美利坚合众国新诞生出来，双肩担负着重任的大总统了。

翌日，华盛顿就开始了忙碌的工作，他在处理政事上异常慎重。

“我所迈向的是前人未曾踏过的道路，我的一举一动都会成为后人的先例。”

大小政事接踵而至，因为尚未成立内阁，责任感极重的华盛顿只好连芝麻绿豆般的小事都一手包办。他不分昼夜，不眠不休地埋头工作。

这年的 6 月，这位为国辛劳的总统，虽然有沙场上锻炼出来

华盛顿
Huashengdun

就职典礼上的华盛顿

的强健体魄，但终因整日忙碌而身体不支了。他突发高烧，几天来一直都徘徊在生死边缘。

"你们无需安慰我，只要告诉我实情，我并不畏惧，今晚或是二十年后撒手西归，结果都是一样的。"

华盛顿如此告诉医师，医师微笑着回答说："请放心，您已度过危险期，可是，今后千万要减少每天的工作量，尤其要多做运动，否则您的健康状况堪虑。"

他听从医师的劝告，当病情稍为好转时，就每天不间断地在炮台一带散步，偶尔也亲自驾马车到郊外去散心。

此时内阁的成员正渐渐齐全。

国防部长是曾经和华盛顿并肩作战的诺古士；财政部长是往年担任华盛顿参谋的汉密尔顿；司法部长由他在弗吉尼亚州的密友蓝道夫担任；外交部长则由同属弗吉尼亚州被称为"前进分子"的杰佛逊担任。他们其中最年长的是46岁的杰佛逊，汉密尔顿32岁，其他都是30岁左右的青年才俊。

"这些都是足以信赖且堪负重任的才俊，我心头上的石块总算可以落地，晚上也可以闭目休息了。"华盛顿显得兴高采烈。

可是有些不明就里的国民，认为这些人虽然军功显赫，却不懂政事，为何个个就任他们并不是擅长的中央政府高职。

华盛顿
Huashengdun

华盛顿的当务之急，就是矫正深植在国民脑中的这些错误观念。

各州已经不是各个独立国家，在各州之上还有一个名叫美利坚合众国的中央政府。最要紧的是把美利坚合众国建设成一个傲视寰宇的强大国家，这种观念必须深入全国各个角落。

1789年10月末，华盛顿动身前往美国北部，巡视新英格兰，他抵达波士顿不久，当地的州长漠诺克就派来了一位使者，向他报告说："州长本应前来晋见，可是他身患中风，行动不便，可否请总统念在旧谊，移驾州长宅邸会面？"

马萨诸塞州的州长漠诺克是华盛顿的挚友，他恨不得立刻能见到华盛顿。可是，出乎意料的，华盛顿竟然一口拒绝了。

因此，辗转病榻的漠诺克只得外披一件红色绒毛外套，由别人扶持，抱病前来华盛顿下榻之处，对总统做礼貌上的拜访。

在别人眼中，也许认为华盛顿冷酷无情。殊不知，旧有的友谊是私人交情，当时有许多国民仍然认为，即使是至高无上的总统莅临各州，还是仍以州长的权力最高。因此华盛顿才特将卧病的漠诺克州长召到自己的下榻处，以维护元首的尊严，同时也可让他们抛弃过去殖民地自傲的偏见，认清各州之上还有中央政府存在的事实。

———— 设立国立银行 ————

1790年1月，国会首次召开会议。会议中各方争论的焦点，是国债的解决办法。

在独立战争中，美国的贷款高达 8000 万美金之巨，其中 1200 万美金是向法国、西班牙、荷兰等同盟国贷来的外债，后来为了增加军费，又发行了 4200 万美金的公债。此外，各州所负担的贷款，也达 2500 万美金之多。因此，年轻的财政部长汉密尔顿，开始着手大规模地整顿财政，计划提高关税以偿还债务。

时任财政部长的亚历山大·汉密尔顿

"国家向外国或人民所借贷的款项，应按时偿付，这关系到国家的信用问题。"

最后终于决定一个方针，就是外债需马上偿清；内债则改为长期公债，按面额偿付。至于州债则转为国家债务，由国家按面额予以承担。

全场一致通过这项对外债的偿付办法，但内债方面却掀起了激烈的辩论。

因为，当时的货币已贬值 1/6，如果依照债面金额偿付，实在是毫无道理，因此南部地方的民权派人士群起反对，以致整顿财政案终告功亏一篑。

阁员每天召开会议，研商解决之策，华盛顿更是忧心忡忡。就在此时，有位满头褐发、下颚突出、身材瘦瘦高高的中年绅士前来拜望总统，他衣着朴素毫不显眼，看上去并未乘坐马车而是步行来到这里的。

"事先有没有约定？"守卫上前询问。

华盛顿
Huashengdun

"有，请通知总统，汤玛斯·杰佛逊前来报到。"

新任外交部长的杰佛逊从外国回来得正是时候，华盛顿欣喜若狂，因为杰佛逊出身弗吉尼亚州，在南部政治圈中很有势力，被尊为民权派的领袖。如果和杰佛逊商量，说不定事情就可迎刃而解。

即将入阁的外交部长杰佛逊对华盛顿说："我刚回国不久，还不明白事情的始末，不过我会尽力说服同伴的。"杰佛逊如此保证。

和财政问题同样被争论不休的，就是首都将设于何处的问题。最有希望的是费城和纽约，但是南方人士却坚持主张首都应设于南部地方。

杰佛逊以十年后将把新首都设于波多马克河畔作为交换条件，终于通过了汉密尔顿的国债处理案。

时任外交部长的汤玛斯·杰佛逊

以汉密尔顿为首的国权派，主张加强政府的力量以巩固国家团结；而以杰佛逊为首的民权派，则主张应该维护各州的权利和人民的自由。两派为此争执不下，难以解决。

此一事件的导火线，是因为财政部长汉密尔顿意欲成立一所国立银行作为美国经济中心。当他向国会提出此案时，民权派马上以宪法上中央政府无此权限表示反对，结果两派又展开一场激烈的争辩。

当时的内阁会议也分为两派，国防部长诺古士支持汉密尔顿的见解，而司法部长蓝道夫则和杰佛逊站在同一阵线。

这是 2：2 平分秋色的局面，最后只得敦请总统来裁决。 华盛顿考虑再三的结果，仍决定要设立国立银行。

当时美国最优秀的两大政治家，汉密尔顿和杰佛逊时常因政策上见解不同而发生激烈的争执。

"如果内阁是间鸡舍的话，那么汉密尔顿和我就好比是两只剑拔弩张彼此瞪视着的公鸡。"杰佛逊曾自我解嘲时说道。

其实与其比喻为"两只公鸡"，倒不如称为"两头猛虎"来得恰当。 他俩刚入阁时交谊甚笃，后来则常有摩擦或意见相左的情形发生。 有位阁员曾说"切勿纵虎归山"，意思是说倘若这两头猛虎都归山的话，那么美国政治立时就会陷于混乱的局面。

幸亏总统是德高望重、深得人心的华盛顿，这两头猛虎虽时常争论不已，但仍能相安无事地发挥其所长，继续留在内阁任职。

刚毅的华盛顿在四年任期快结束的时候，已经感觉身心俱疲，因而有了辞去公职归隐田园的打算。 他在言语之间常流露出这种愿望。

听到这种风声，最感惊讶的是玛奇逊。

"继续留任固然对您是个重大的牺牲，这是大家都了解的。可是除您之外，再没有人能化解这纠纷迭起的政局了。"

杰佛逊也极力挽留道："全体人民的希望都寄托在您身上，唯有您才能将南北部紧紧地团结在一起。"汉密尔顿亦鼓起三寸不烂之舌力劝华盛顿留任。

华盛顿为了促进人民的团结，避免国家的分裂，不得不再度承诺继续竞选总统。

1793 年，华盛顿继任第二届美国总统。

对英法战争
保持中立

华盛顿暂时返回了巴隆山庄。 有一天，当他正和古列克博士商量如何整顿农场的时候，佣人递给华盛顿一叠文件，华盛顿先抽出有关公务信件，然后戴上眼镜拆阅，突然间他一跃而起。

"开始了！"他朝古列克博士大声喊叫。 "英法两国开战了，博士！"

古列克博士嘀咕着再度坐回安乐椅上，从容不迫地点燃烟斗，悠然地说："那我们可以坐在家里观看大西洋彼岸的战火啰。"

"哪能隔岸观火？开战的这两国，一个是我们同盟国的法国，一个则原本是我们的母国英国。 战火马上会蔓延到我们这边，明天我得立刻赶回费城去。"当时首都已经迁至费城。

"明天，不是要整理土地吗？"

"国事比巴隆山庄的财产重要。 萨姆！马车准备好了没

大陆军海军的旗帜

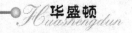
华盛顿

有?"华盛顿朝着大厅急忙走去。

华盛顿立刻派出急使带信给杰佛逊外交部长，大意是："美国要彻底严守中立，千万不可卷入英法战争中。关于这件事，应该计划周详，甚至采取必要的手段，绝对不能草率误事，一切都委托于你了。"

可华盛顿能说服舆论吗？

那时绝大多数的美国人偏爱法国，这也难怪，因为他们难以忘记法国在独立战争中，为自由而相助美国的恩情，况且以往的同盟国如今和美国同样地也已成为共和国，正为争取自由而奋斗。

当时美国虽已是独立的国家，可是和英国在经济方面仍有密切关系。如果决然脱离英国，美国在经济方面能够独立吗？

千辛万苦争取到独立的美国正处于大手术后的恢复期，当务之急是巩固这个新兴国家的基础，绝不可卷入他国争执的漩涡中，这就是华盛顿的想法。

等到华盛顿返回新首都费城时，内阁已分为两派：汉密尔顿和诺古士偏向英国；而杰佛逊和蓝道夫则对法国深具同情。于是内阁会议照例又是争论不休，几经协调最后终于决定两件事：美国严守中立，同时要接受新任法国公使。

可是法国派来的这位公使名叫裘纳，是思想异常偏激的雅各宾派党员。当这位新任公使在查理斯敦登陆的消息传来时，汉密尔顿马上提出抗议："总统，这真是怪事！这位裘纳公使为何在离首都颇为遥远的南方港口登陆呢？一位公使在向总统呈递到任国书之前，任意到国内旅行和他人接触，这在外交上是史无前例的。"

连一向偏爱法国的杰佛逊也认为："这的确是史无前例的做法。这位公使在抵达费城之前，一定会惹出大风波来的。"

果不出杰佛逊所料，"裘纳公使"在沿路各地受到民众的夹道欢呼，因为他煽动美国民众打倒英国。他摆出一副凯旋将军的姿态长驱直入美国的首都。

费城的民众，也同样热烈欢迎他的到来，乐队奏起了法国国歌《马赛进行曲》。当法国公使翩然出现时，大家都张开手臂拥抱这位革命战士。

"美国是法国忠实的盟友。"裘纳露出胜利的微笑说。

可是当他向总统呈递到任国书时，出乎他的意料之外，华盛顿总统却是一脸的寒霜。外交部长杰佛逊行事颇为慎重，尽量避免造成僵局。裘纳此刻才深深觉悟到这个内阁倒蛮有骨气的。

内阁为了严守中立，下令假若帮助两国中的某一方损害到另一方时，定予严惩。同时严禁美国人民以私人船只帮助法国，更禁止交战国的船只出现在美国港口。

傲慢的裘纳无视于这项禁令，私自处置在海上截获到的英国船只，而且雇佣美国船员任意去攫掠英国船只，同时还向法国领事宣布美国要给予海军裁判权，简直把美国当作附属国似的玩弄于手掌之上。

这时，一向偏向法国的杰佛逊也按捺不住了，他向裘纳提出严重的抗议。

裘纳不但不表示歉意，反而脸红脖子粗地高声喊叫："你在说什么？政府对支持法国的舆论充耳不闻，一心一意偏向英国。我建议尽快召开国会，执行美国人民真正的意志。"

杰佛逊冷冰冰地回答说："美国宪法是立法、司法、行政三权分立。行政上的问题，总统有最高决定权，国会是无权决定的。"

"那么国会难道就没有主权吗？"

"国会具有最高立法权，总统则具有最高行政权力。"

"假使总统违反条约，应该向哪个部提出控诉？"

"除向总统本身提出控诉外，别无他途。"杰佛逊板着脸孔如此回答。

裘纳恨恨地说："这种宪法实令人不敢苟同！"

他指责美国宪法，杰佛逊亦不甘示弱地反唇相讥："裘纳公使！所谓公使的任务是要和对方元首交涉协调外交的问题，不是火上加油去煽动出使国家的人民，尤其不应该任意批评哪个国家的政体。"

裘纳公使哑口无言，虽是如此，他仍自恃有民众的支持，犹不死心地得寸进尺想蛮横到底，不料却落到一着不慎满盘皆输的境地。

这时的裘纳已丧失人缘，他任意信口雌黄地批评美国总统，将美国视同附属国，甚至插手干涉美国内政，知道内情的民众气愤填膺，不再对他存有好感了。

幸福的晚年

一切的和谐与平衡，健康与健美，成功与幸福，都是由乐观与希望的向上心理产生与造成的。

——乔治·华盛顿

华盛顿
Huashengdun

拒任第三届总统

"这是背叛！是内乱！"汉密尔顿和平常判若两人，气急败坏地走了进来说。

政府为了重整财政，所以对酒的输入和酿造要课以重税。当时有部分人民因为自己农地收获的谷物搬运到都市贩卖实在困难重重，于是就地利用那些谷物制酒以维持生计，如今政府宣布酿酒必须缴税，以致引起西部山区人民的不满。

当税务处官吏抵达的时候，群情激愤的农夫们蜂拥而至，他们不但殴打官吏而且撕毁法院的传单，最后竟然手持武器攻击办公厅，大逞其暴行。

华盛顿非常了解西部开拓者的心情，可是国法就是国法，不论男女老少都应遵守。

"如果任凭少数分子随意破坏国民代表所议决的法律而为所欲为的话，那民主政体将告崩溃。这种叛乱非得平定不可。万不得已，不惜一战。"

政府先发出警告，可是这些暴徒却把它当作耳边风，于是政府又发出最后通牒，没想到他们仍全然不当一同事，暴乱行为仍此起彼落。华盛顿于是当机立断决定派出军队予以镇压。

率领军队攻击和自己血脉相连的市民，无异是手足相残，身为国家元首的华盛顿心情是何等的沉痛！

再度披上战袍，华盛顿又亲自上阵了。

军队集合在卡玛兰特，这支部队无论从装备、训练、薪饷、规模等各方面来看，都可以说是一支无懈可击、优异非凡的军队。

"假使独立战争初期，政府能拨出一半军费的话……"想到这里，华盛顿思潮起伏、感慨万千。这支装备、训练精良的军队，是华盛顿总统六年来苦心经营的成果。

在卡玛兰特把军队交给亨利·李将军指挥后，华盛顿因国会有事就先赶回首都。没有多久，华盛顿就接到胜利平叛的捷报。

另一方面，美国和英国的关系也日趋恶化，华盛顿虽然对英国毫无好感，但是为了顾全大局，仍一直隐忍，避免发生战争。

当华盛顿派遣约翰特使赴英缔结友好条约时，举国大哗、舆论沸腾，全国上下都认为，若是签订如此屈辱的条约，倒不如干脆开战。人民情绪之激昂，不亚于从前英国议会通过印花税时的状态。

如果能够冷静思考，就不难了解在自身力量如此脆弱的情况下，要想真正做到平等互惠，那无异是痴人说梦。

"再怎么委屈，总比开战有利。"

华盛顿决定忍辱负重，经过参议院的议决，这项条约终于顺利通过。

当时，华盛顿在写给汉密尔顿的信里面，曾提到这一点："现在反对此条约的呼声，宛如狂犬般地激昂。等他们稍微镇定下来以后，就能真正明白政府的苦心了。"

果然和英国缔结友好条约后，美国在贸易上蓬勃发展，工商业随着兴盛起来，因此奠定了深厚的国力基础。

事实证明，英明的华盛顿确有远见，缔结条约果然比战争有利。

就在为了条约问题掀起轩然大波之时，一天，华盛顿接到一封信，拆阅之下，突然间脸色转为苍白，信纸飘然落地。

"天啊！我的知己好友，这种事情到底是怎么发生的？我能做些什么呢？啊！假如我是自由之身……"

原来这封信是拉斐雅埃德的长子寄来的。他为了表示珍惜华盛顿的友谊，把自己的长子命名为乔治·华盛顿·拉斐雅埃德。信上说他父亲已被革命政府逮捕入狱，这位十五岁的少年只身逃来美国，从波士顿发信来向华盛顿求助。

可怜的孩子！华盛顿恨不得即刻领养他，视同亲生骨肉般地疼爱。无奈，他是一国的元首，如果堂堂一位美国总统收容一位法国政府怨恨集于一身的政敌的孩子，定会发生严重的外交问题。

华盛顿既伤感又懊恼，他写了一封言词恳切的信，给住在波士顿的好友卡穆多，请他照顾这个孩子。

不久，四年的总统任期又将届满。大家仍然希望华盛顿继续留任，可是他摇头予以婉拒。

"虽然美国宪法并未限制总统竞选次数，可是，同一人如果在任太久，说不定就有趋于专制的危险。当我首任总统任期将届满时，为了顾全大局，虽有苦衷仍勉强继续就任，至于现在我决定创下先例，归还总统职位，退隐山林。"

由于决意不再竞选，华盛顿认为应尽早发表声明，使他们能着手准备物色一位优秀的继任者，所以他提早发表了那篇有名的《告别辞》。

离开总统官邸的日子渐渐临近。

华盛顿提笔写就一封文情并茂的信给曾经是战友后来是阁僚的诺古士："想到终于能够隐退山林，心中真是充满感谢。从此我将不问政事，此刻我敬爱的一些人的脸庞，清晰地浮上脑际，当然阁下也是其中之一。不久即将挥别亲爱的友人、同胞，顿觉一种依依难舍之情袭上心头，宛如刀割般地痛楚。"

"我要把有限的余生投入到田园之中，享受归隐山林的乐趣，尽量远离尘世的喧嚣。盼望在巴隆山庄和好友们把盏叙旧，那将是我人生中的一大乐事。"

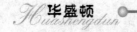

1796 年 3 月 4 日，民众团团围住议会大厅，每个人都有一份依依不舍之情。典礼完毕，华盛顿步出大门时，坐在旁听席和挤在走廊上的民众突然蜂拥而至，其声势之大，连昂然七尺之躯的华盛顿亦有招架不住之感。

好不容易才步出街道的华盛顿，不断挥帽向欢呼的人群致意。那慈祥的脸庞、飘逸的白发，留给人们极为深刻的印象。民众一直尾随着他，久久不愿离去……

★★★★ 资料链接

华盛顿的《告别辞》

各位朋友和同胞：

我们重新选举一位公民来主持美国政府的行政工作，已为期不远。此时此刻，大家必须运用思想来考虑把这一重任托付给谁。因此，我觉得我现在应当向大家声明，尤其因为这样做有助于使公众意见获得更为明确的表达，那就是我已下定决心，谢绝将我列为候选人。关于我最初负起这个艰巨职责时的感想，我已经在适当的场合说过了。现在辞掉这一职责时，我要说的仅仅是，我已诚心诚意地为这个政府的组织和行政，贡献了我这个判断力不足的人的最大力量。就任之初，我并非不知我的能力薄弱，而且我自己的经历更使我缺乏自信，这在别人看来，恐怕更是如此。年事日增，使我越来越认为，退休是必要的，而且是会受欢迎的。我确信，如果有任何情况促使我的服务具有特别价值，那种情况也只是暂时的；所以我相信，按照我的选择并经慎重考虑，我应当退出政坛，而且，爱国心也容许我这样做，这是我引以为欣慰的。

讲到这里，我似乎应当结束讲话。但我对你们幸福的关切，虽于九泉之下也难以割舍。由于关切，自然对威胁你们幸福的危险忧心忡忡。这种心情，促使我在今天这样的场合，提出一些看法供你们严肃思考，并建议你们经常重温。这是我深思熟虑和仔细观察的结论。而且在我看来，对整个民族的永久幸福有着十分重要的意义。

你们的心弦与自由息息相关，因此用不着我来增强或坚定你们对

华盛顿拒绝连任
第三届总统时的情景

自由的热爱。

政府的统一，使大家结成一个民族，现在这种统一也为你们所珍视。这是理所当然的，因为你们真正的独立，仿佛一座大厦，而政府的统一，乃是这座大厦的主要柱石；它支持你们国内的安定，国外的和平；支持你们的安全，你们的繁荣以及你们如此重视的真正自由。然而不难预见，曾有某些力量试图削弱大家心里对于这种真理的信念，这些力量的起因不一，来源各异，但均将煞费苦心，千方百计地产生作用；其所以如此，乃因统一是你们政治堡垒中一个重点，内外敌人的炮火，会最持续不断地和加紧地（虽然常是秘密地与阴险地）进行轰击。因此，最重要的是大家应当正确估计这个民族团结对于集体和个人幸福所具有的重大价值；大家应当对它抱着诚挚的、经常的和坚定不移的忠心；你们在思想和言语中要习惯于把它当作大家政治安全和繁荣的保障；要小心翼翼地守护它。如果有人提到这种信念在某种情况下可以抛弃，即使那只是猜想，也不应当表示支持。如果有人企图使我国的一部分脱离其余部分，或想削弱现在联系各部分的神经纽带，在其最初出现时，就应当严加指责。

对于此点，你们有种种理由加以同情和关怀。既然你们因出生或归化而成为同一国家的公民，这个国家就有权集中你们的情感。美国人这个名称来自你们的国民身份，它是属于你们的；这个名号，一定会经常提高你们爱国的光荣感，远胜任何地方性的名称。在你们之间，除了极细微的差别外，有相同的宗教、礼仪、习俗与政治原则。你们曾为同一目标而共同奋斗，并且共同获得胜利。你们所得到的独立和自由，乃是你们群策群力，同甘苦、共患难的成果。

尽管这些理由是多么强烈地激发了你们的感情，但终究远不及那些对你们有更直接利害关系的理由。全国各地都可以看到强烈的愿望，要求精心维护和保持联邦制。

北方在与受同一政府的平等法律保护的南方自由交往中，发现南方的产品为航海业和商业提供了极其丰富的资源，为制造业提供了十分宝贵的原料。与此相同，南方在与北方交往时，也从北方所起的作用中获益匪浅，农业得到了发展，商业得到了扩大。南方将部分北方海员转入自己的航道，使南方的航运业兴旺了起来。尽管南方在各方面都对全国航运业的繁荣和发展有所贡献，但它期望得到海上力量的保护，目前它的海上力量相对说来太薄弱了。东部在与西部进行类似的交往中，发现西部是东部自国外输入商品和在国内制造商品的重要渠道，而这个渠道将随着内地水陆交通的不断改善而日趋重要。西部则从东部得到发展和改善生活所必不可少的物资供应；也许更重要的是，西部要确保其产品出口的必要渠道，必须靠联邦的大西洋一侧的势力、影响和未来的海上力量，而这需要把西部看成一个国家，有着不可分割的利害关系。西部如要靠其他任何方式来保护这种重要的优越地位，无论是单靠自己一方的力量，或是靠与外国建立背叛原则和不正常的关系，从本质上来看都是不牢靠的。

由此可见，我国各部分都从联合一致中感觉到直接的和特殊的好处，而把所有各部分联合在一起，人们会从手段和力量之大规模结合中，找到更大力量和更多资源，在抵御外患方面将相应地更为安全，而外国对它们和平的破坏也会减少。具有无可估量的价值是，联合一致必然会防止它们自身之间发生战争。这种战争不断地折磨着相互邻接的国家，因为没有同一的政府把他们连成一气。这种战事，仅由于它们彼此之间的互相竞争，即可发生，如果与外国有同盟、依附和阴谋串通的关系，则更会进一步激发和加剧这种对抗。因此，同样地，它们可以避免过分发展军事力量。这种军事力量，在任何形式的政府之下，都是对自由不利的，而对共和国的自由，则应视为尤具敬意。就这个意义而言，应把你们的联合一致看做是你们自由的支柱。如果你们珍惜其中一个，也就应当保存另一个。

华盛顿
Huashengdun

你们是否怀疑一个共同的政府能够管辖这么大的范围？把这个问题留待经验来解决吧。对付这样一个问题单纯听信猜测是错误的。在这种情况下，非常值得进行一次公平和全面的实验。要求全国各地组成联邦的愿望是如此强烈和明显，因此，在实践尚未表明联邦制行不通时，试图在任何方面削弱联邦纽带的人，我们总是有理由怀疑他们的爱国心的。

　　在研究那些可能扰乱我们联邦的种种原因时，使人想到一件至关重要的事，那就是以地域差别——北方与南方、大西洋与西部——为根据来建立各种党派；因为那些心怀不轨的人可能力图借此造成一种信念，以为地方间真的存在着利益和观点的差异。一个党派想在某些地区赢得影响力而采取的策略之一，是歪曲其他地区的观点和目标。这种歪曲引起的妒忌和不满，是防不胜防的；使那些本应亲如兄弟的人变得互不相容。

　　为了使你们的联合保持效力和持久，一个代表全体的政府是不可少的。各地区结成联盟，不论怎样严密，都不能充分代替这样的政府。这种联盟一定会经历古往今来所有联盟的遭遇，即背约和中断。由于明白这个重要的事实，所以大家把最初的文件加以改进，通过了一部胜过从前的政府宪法，以期密切联合，更有效地管理大家的共同事务。这个政府，是我们自己选择的，不曾受人影响，不曾受人威胁，是经过全盘研究和缜密考虑而建立的，它的原则和它的权力的分配，是完全自由的，它把安全和力量结合起来，而其本身则包含着修正其自身的规定。这样一个政府有充分理由要求你们的信任和支持。尊重它的权力，服从它的法律，遵守它的措施，这些都是真正自由的基本准则所构成的义务。我们政府体制的基础，乃是人民有权制定和变更他们政府的宪法。

　　可是宪法在经全民采取明确和正式的行动加以修改以前，任何人对之都负有神圣的义务。人民有建立政府的权力与权利，这一观念乃是以每人有责任服从所建立的政府为前提的。

　　要保存你们的政府，要永久维持你们现在的幸福状态，你们不仅不应支持那些不时发生的跟公认的政府权力相敌对的行为，而且对那种要改革政府原则的风气，即使其借口似乎有理，亦应予以谨慎的抵制。他们进攻的方法之一，可能是采取改变宪法的形式，以损害这种

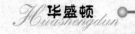
华盛顿
Huashengdun

体制的活力，从而把不能直接推翻的东西，暗中加以破坏。在你们可能被邀参与的所有变革中，你们应当记住，要确定政府的真正性质，正如确定人类其他体制一样，时间和习惯至少是同样重要的；应当记住，要检验一国现存政体的真正趋势，经验是最可靠的标准；应当记住，仅凭假设和意见便轻易变更，将因假设和意见之无穷变化而招致无穷的变更；还要特别记住，在我们这样辽阔的国度里，要想有效地管理大家的共同利益，一个活力充沛的、并且能充分保障自由的政府是必不可少的。在这样一个权力得到适当分配和调节的政府里，自由本身将会从中找到它最可靠的保护者。如果一个政府力量过弱，经不住朋党派系之争，不能使社会每一分子守法，不能维护全体人民安全而平静地享受其人身和财产权利，那么，这个政府只是徒有虚名而已。

我已经提醒你们，在美国存在着党派分立的危险，并特别提到按地域差别来分立党派的危险。现在让我从更全面的角度，以最严肃的态度告诫你们警惕党派思想的恶劣影响。

不幸的是，这种思想与我们的本性是不可分割的，并扎根于人类脑海里最强烈的欲望之中。它以各种不同的形式存在于所有政府机构里，尽管多少受到抑制、控制或约束。但那些常见的党派思想的形式，往往是最令人讨厌的，并且确实是政府最危险的敌人。

它往往干扰公众会议的进行，并削弱行政管理能力。它在民众中引起无根据的猜忌和莫须有的惊恐；挑拨派别对立；有时还引起骚动和叛乱。它为外国影响和腐蚀打开方便之门。外国影响和腐蚀可以轻易地通过派系倾向的渠道深入到政府机构中来。这样，一个国家的政策和意志就会受到另一个国家政策和意志的影响。

有一种意见，认为自由国家中的政党，是对政府施政的有效牵制，有助于发扬自由精神。在某种限度内，这大概是对的；在君主制的政府下，人民基于爱国心，对于政党精神即使不加袒护，亦会颇为宽容。但在民主性质的纯属选任的政府下，这种精神是不应予以鼓励的。从其自然趋势看来，可以肯定，在每一种有益的目标上，总是不乏这种精神的。但这种精神常有趋于过度的危险，因此应当用舆论的力量使之减轻及缓和。它是一团火，我们不要熄灭它，但要一致警惕，以防它火焰大发，变成不是供人取暖，而是贻害于人。

还有一项同样重要的事，就是一个自由国家的思想习惯，应当做到使那些负责行政的人保持警惕，把各自的权力局限于宪法规定的范围内，在行使一个部门的权力时，应避免侵犯另一个部门的权限。这种越权精神倾向于把所有各部门的权力集中于某一部门，因而造成一种真正的专制主义，姑不论其政府的形式如何。

如果民意认为，宪法上的权限之分配或修改，在某方面是不对的，我们应当照宪法所规定的办法予以修改。但我们不可用篡权的方式予以更改；因为这种方法，可能在某一件事上是有效的手段，但自由政府也常会被这种手段毁灭。所以使用这种方法，有时虽然可以得到局部的或一时的好处，但此例一开，一定抵不过它所引起的永久性的危害。

在导致昌明政治的各种精神意识和风俗习惯中，宗教和道德是不可缺少的支柱。一个竭力破坏人类幸福的伟大支柱——人类与公民职责的最坚强支柱的人，却妄想别人称赞他爱国，必然是白费心机的。政治家应当同虔诚的人一样，尊敬和爱护宗教与道德。宗教与道德同个人福利以及公共福利的关系，即使写一本书也说不完。我们只要简单地问，如果宗教责任感不存在于法院赖以调查事件的宣誓中，那么，哪能谈得上财产、名誉和生命的安全呢？而且我们也不可耽于幻想，以为道德可不靠宗教而维持下去。高尚的教育，对于特殊构造的心灵，尽管可能有所影响，但根据理智和经验，不容许我们期望。在排除宗教原则的情况下，道德观念仍能普遍存在。

有一句话大体上是不错的，那就是：道德是民意所归的政府所必需的原动力。这条准则可或多或少地适用于每一种类型的自由政府。凡是自由政府的忠实朋友，对于足以动摇它组织基础的企图，谁能熟视无睹呢？因此，请大家把普遍传播知识的机构当作最重要的目标来加以充实提高。政府组织给舆论以力量，舆论也应相应地表现得更有见地，这是很重要的。

我们应当珍视国家的财力，因为这是力量和安全的极为重要的源泉。保存财力的办法之一是尽量少动用它，并维护和平以避免意外开支；但也要记住，为了防患于未然而及时拨款，往往可以避免支付更大的款项来消弭灾祸。同样，我们要避免债台高筑，为此，不仅要节约开支，而且在和平时期还要尽力去偿还不可避免的战争所带来的债务，不要将我们自己应该承受的负担无情地留给后代。

我们要对所有国家遵守信约和正义，同所有国家促进和平与和

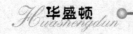

睦。宗教和道德要求我们这样做。难道明智的政策不也一样要求这样做吗？如果我们能够成为一个总是遵奉崇高的正义和仁爱的精神的民族，为人类树立高尚而崭新的典范，那我们便不愧为一个自由的、开明的，而且会在不久的将来变得伟大的国家。如果我们始终如一地坚持这种方针，可能会损失一些暂时的利益，但是谁会怀疑，随着时间的推移和事物的变迁，收获将远远超过损失呢？难道苍天没有将一个民族的永久幸福和它的品德联系在一起吗？至少，每一种使人性变得崇高的情操都甘愿接受这种考验的。万一考验失败，这是否由人的恶行造成的呢？

在实行这种方针时，最要紧的，乃是不要对某些国家抱着永久而固执的厌恶心理，而对另一些国家则热爱不已；应当对所有国家都培养公正而友善的感情。一个国家，如果习于其他国家恶此喜彼，这个国家便会在某种程度上沦为奴隶；或为敌意的奴隶，或为友情的奴隶，随便哪一种都足以将它引离自己的责任和自己的利益。一国对于另一国心存厌恶，两国便更易于彼此侮辱和互相伤害，更易于因小事而记恨，并且在发生偶然或细琐的争执时，也易于变得骄狂不羁和难以理喻。

一国对他国怀着热烈的喜爱，也一样能产生种种弊端。由于对所喜爱的国家抱同情，遂幻想彼此有共同的利益，实则所谓共同利益仅是想象的，而非真实的；再者，把他国的仇恨也灌注给自己，结果当他国与别国发生争执或战争，自己也会在没有充分原因和理由的情况下陷身其中。此外，还会把不给与他国的特权给予所喜爱的国家；于是，这个做出让步的国家，便会蒙受双重损害，一是无端损失本身应当保留的利益，一是激起未曾得到这种利益的国家的嫉妒、恶感和报复心理；这给那些有野心的、腐化的或受蒙蔽的公民（他们投靠自己所喜爱的国家）提供了方便，使他们在背叛或牺牲自己国家的利益时不但不遭人憎恨，有时甚至还受到欢迎，并把由于野心、腐化或糊涂而卑鄙愚蠢地屈服的人粉饰成有正直的责任感、顺乎民意或是热心公益而值得赞扬的人。

一个自由民族应当经常警觉，提防外国势力的阴谋诡计（同胞们，我恳求你们相信我）。因为历史和经验证明，外国势力乃是共和政府最致命的敌人之一。不过这种提防，要想做到有效，必须不偏不倚，否则会成为我们所要摆脱的势力的工具，而不是抵御那种势力的工事。对某国过度偏爱，对另外一个过度偏恶，会使受到这种影响的国家只看到一方面的危险，却掩盖甚至纵容另一方所施的诡计。常常我们所喜欢的那个国家的爪牙和受他们蒙蔽的人，利用人民的赞赏和信任，诱骗人民放弃本身的利益时，那些可能抵制该国诡计的真正爱国志士，反而极易成为怀疑与憎恶的对象。

我们处理外国事务的最重要原则，就是在与他们发展商务关系时，尽量避免涉及政治。我们已订的条约，必须忠实履行。但以此为限，不再增加。

欧洲有一套基本利益，它对于我们毫无或很少有关系。欧洲经常发生争执，其原因基本上与我们毫不相干。所以，如果我们卷进欧洲事务，与他们的政治兴衰人为地联系在一起，或与他们友好而结成同盟，或与他们敌对而发生冲突，都是不明智的。

我国独处一方，远离他国，这种地理位置允许并促使我们奉行一条不同的政策路线。如果我们在一个称职的政府领导下保持团结，在不久的将来，我们就可以不怕外来干扰造成的物质破坏；我们就可以采取一种姿态，使我们在任何时候决心保持中立时，都可得到他国严正的尊重；当好战国家不能从我们这里获得好处时，也不敢轻易冒险向我们挑战；我们可以在正义的指引下依照自己的利益，在和战问题上做出抉择。

我们为什么要摒弃这种特殊环境带来的优越条件呢？为什么要放弃我们自己的立场而站到外国的立场上去呢？为什么要把我们的命运同欧洲任何一部分的命运交织一起，以致把我们的和平与繁荣，陷入欧洲的野心、竞争、利益关系、古怪念头或反复无常的罗网之中呢？

我们真正的政策，乃是避免同任何外国订立永久的同盟。我的意思是我们现在可自由处理这种问题；但请不要误会，以为我赞成不履行现有的条约。我认为，诚实是最好的政策，这句格言不仅适用于私事，亦通用于公务。所以我再重复说一句，那些条约应按其原意加以履行。但我觉得延长那些条约是不必要的，也是不明智的。

我们应当经常警惕，建立适量的军队以保持可观的防御姿态，这样，在非常紧急时期中，我们才可以安全地依靠暂时性的同盟。

无论就政策而言，就人道而言，就利害而言，我们都应当跟一切国

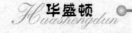
华盛顿

家保持和睦相处与自由来往。但是甚至我们的商业政策也应当采取平等和公平的交易，即不向他国要求特权或特惠，亦不给与他国以特权或特惠；一切都要顺应事物之自然而行；要用温和的手段扩展商业途径并做多种经营，绝不强求；与有此意向的国家订立有关交往的习用条例，促使贸易有稳定的方向，我国商人的权利得以明确，政府对他们的扶助得以实现，这种条例应为现时情势和彼此意见所容许的最合理的条例，但也只是暂时的，得根据经验与情势随时予以废弃或改变；须时时谨记，一国向他国索求无私的恩惠是愚蠢的；要记住，为了得到这种性质的恩惠，他必须付出他的一部分独立为代价；要记住，接受此类恩惠，会使本身处于这样的境地：自己已为那微小的恩惠付出同等的代价，但仍被谴责为忘恩负义，认为付得不够。期待或指望国与国之间有真正的恩惠，实乃最严重的错误。这是一种幻想，而经验必可将其治愈，正直的自尊心必然会将其摈弃。

虽然在检讨本人任期内施政时，我未发觉有故意的错误，但是我很明白我的缺点，并不以为我没有犯过很多错误。不管这些错误是什么，我恳切地祈求上帝免除或减轻这些错误所可能产生的恶果。而且我也将怀着一种希望，愿我的国家永远宽恕这些错误；我秉持正直的热忱，献身为国家服务已经四十五年，希望我因为能力薄弱而犯的过失，会随着我不久以后长眠地下而湮没无闻。

我在这方面和在其他方面一样，均须仰赖祖国的仁慈。我热爱祖国，并受到爱国之情的激励，这种感情，对于一个视祖国为自己及历代祖先的故土的人来说，是很自然的。因此，我以欢欣的期待心情，指望在我切盼实现的退休之后，我将与我的同胞们愉快地分享自由政府治理下完善的法律的温暖——这是我一直衷心向往的目标，并且我相信，这也是我们相互关怀、共同努力和赴汤蹈火的优厚报酬。

华盛顿
Huashengdun

重归庄园生活

再度恢复平民身份的华盛顿，第一件事是赶紧把拉斐雅埃德的孩子接到身边。夫妻俩带着这位少年坐上马车，直往巴隆山庄驶去。

"过去的巴隆山庄宛如鸟语花香的春天，没想到我离开八年的时间，竟沦落到如此满目萧条的地步！"华盛顿摸着剥落的油漆和残破的壁板，不禁感慨万分。

"不好好整修一番是不行的。马上通知油漆行和修理屋顶的工人和木匠来整修。"

华盛顿曾写了一封信给好友："如今我每天的生活，可谓日出而作，此刻如果佣人们尚未着手工作，我就亲切关怀地询问他们是否身体不舒服。如果已经完成一天的作息，我就检查他们的疏忽之处，检查得愈彻底，则这八年我不在的期间建筑物损坏的程度就愈为一目了然。"

"早晨工作完毕后，早餐已准备就绪。吃过早餐，就骑马去巡视农场，直到日暮时分，才拖着疲累的身子返回温暖的窝巢，洗涤一天的辛劳，和家人共进晚餐。"

"晚餐过后，就要到外面去做定时的散步，回来喝完茶，往往已是点灯时分。如果没有访客，日落西山后就躲进书房，在晃动的烛光下开始拆阅来信。可是每次在烛泪将滴落之际，我的眼皮就已沉重得撑不开了，于是就想明晚再继续吧。到了第二晚又是旧事重演，就这样地一天天持续下去。"

"这种今日事不能今日毕的习性一天不改，事情就永无完成之日，你大概不会像我一样懒散吧！"

从这些轻松的语气上看来，他晚年所享受的田园乐趣，可以窥其梗概了。

安静地逝去

华盛顿退休后的两年，卸下肩头重担，而且有他最喜爱的年轻人围绕在身边。他偶尔欣赏旋律优美动听的音乐，或是从事一些运动舒展筋骨，这种悠闲的生活是他一生中最快乐的岁月。

华盛顿连任两届总统，不但农场因此荒废，而且因为在总统任内时的花费惊人，使他负债累累，迫不得已只好变卖一片价值五十万美金的土地。不过，这对华盛顿而言，还不足以构成生活上的威胁。

他生性喜欢孩子，巴隆山庄的小孩子们，每天左盼右盼希望黄昏时分快点到来，因为这是华盛顿和小孩们嬉戏的时刻。

炎炎夏日早已过去，金风透爽的秋季已经来临，鲜绿的枫叶已染上一片艳红。有一天，小拉斐雅埃德眼眶噙着泪珠，跑到华盛顿的房间说："被释放了！爷爷，我爸爸被释放了！"

华盛顿悲喜交集，感慨万分地紧紧搂住正在哭泣的少年。可怜的孩子按捺不住焦急的心情，没有等到更确实的消息，就迫不及待决定搭乘下一班船返回法国，完全不顾别人的劝阻。

华盛顿把他送到新首都——后来这个城市被命名为华盛顿。"乔，把这封信交给你爸爸，并且转告他不论今后两国发生什么事，我俩的友谊是永恒不变的。"华盛顿神情异常恳切，因为那时美、法两国的关系已经日益恶化。

面对法国的蛮横不讲理，美国逐渐无法再忍耐，最后国会终于同意授权给亚当斯总统，组织有一万名国防军。

此时，全体人民的焦点都集中在巴隆山庄，假使建国的总司

巴隆山庄内的华盛顿墓园

令官能复出指挥国防军的话……

当负有使命的代表来到巴隆山庄时，孙女妮莉将手绕在爷爷的脖子上，忧心忡忡地低语道："爷爷，您还要上战场么？"

"不，妮莉，我已这么一大把年纪，所以我事先已有声明，虽愿意去帮助组织国防军，但是除非到了万不得已的地步，我绝对不上战场。"

这时，已进入大学因休假回家的小华盛顿说："这么说，还是难逃一战了！"

"嗯，法国革命政府若不痛改前非，战争将无法避免。我是一位彻底的和平主义者，但是国家的尊严也不可不顾。"

于是将军再度披上战袍，告别家人，直奔费城。

华盛顿完成军队的编练后，即刻返回巴隆山庄。黝深的森林里，干枯的枝丫被北风吹得沙沙作响，晶莹的白雪在窗边闪烁着，华盛顿每天都在户外和书房里忙得不可开交。

那时他已拟定好经营自己土地的计划和轮作表，洋洋洒洒约有 30 页之厚。

华盛顿下定决心要在生前把所有的土地整理妥善。

1799 年 12 月 12 日早上 10 时许，华盛顿一如往昔骑马巡视农场，那时从早上就一直飘落的小雨突然转为雨雪，接着又变为冷雨下个不停。

"今天天气非常恶劣，不要让佣人们出去……"华盛顿银白的发丝上，犹有雨雪在闪耀着。

"看你全身都湿透了……"

"没关系，我穿了外套。"华盛顿的口吻异常轻松。

翌晨，白皑皑的积雪已有 3 厘米厚，仍不停在飘落。午后，华盛顿看到天已放晴，于是就到溪流附近的森林去做砍伐的记号。他的声音愈来愈沙哑，可是他自己却不以为意。

晚上，和家人齐聚在大厅的时候，他仍显得异常快活，家人要拿感冒药给他服用。

"不，虽然有点感冒，可我从没服药的习惯。没关系，我想自然会痊愈的。"华盛顿似乎毫不在乎。

12 月 13 日睡到半夜，他突感全身发冷，呼吸困难，原来他已染上非常严重的咽喉炎。秘书利亚匆匆赶到，马不停蹄地立刻去通知旧友古列克博士。

华盛顿吐血多次，虽然采取一切急救措施，但仍无济于事，回天乏术。12 月 14 日早上 4 时半，微曦初露时，华盛顿把夫人叫到床边，交给她一封遗书。

"我不久将离开人世，这就跟借了钱必须还债一样，是人生必经之路，谁也不能避免的。"

他浮现出一丝无奈、落寞的微笑。那天傍晚，古列克博士到达的时候，他对好友古列克说："我已经不行了，正一步步走向天国。"华盛顿吃力地说着。古列克博士低着头默默地坐在炉边。

上午 10 时许，华盛顿回头看着站在床边的利亚，呼吸已经十分艰难，他勉强地吩咐说："请你好好处理善后，三天之内不要把我埋入土中……好吗？"

这是他在人世间最后的一句话。

华盛顿
Huashengdun

12 月 14 日，大约上午 10 时至 11 时之间，约摸有十分钟的光景，他的呼吸突然变得很畅通。华盛顿静静地躺卧在床上，缓缓地推开利亚的手，自己摸着脉搏，在那瞬间他就如同即将熄灭的烛火突然回光返照，聚集了最后的热力大放光明似的准备告别人间。

忽然间他脸色突变，不久就安详地躺在那里不再动了。妮莉握起祖父的手画一下十字，然后将其平放在胸前。炉边的古列克博士迅速赶过来，将手放在华盛顿眼皮上。

罗斯摩尔山山壁上的华盛顿肖像石雕

"他已回到主的身边了！"

静静地连一声叹息也没有，走完 67 年的人生历程，一颗巨星就这样划破寂静的夜空陨落了！

华盛顿年表

1732年　2月22日,乔治·华盛顿出生于北美弗吉尼亚州威斯特摩兰县的布里奇斯溪。

1743年　4月,父亲病逝。

　　　　7月,兄长劳伦斯在波托马克河畔的种植园定居,庄园命名巴隆山庄。

1748年　被正式批准为土地测量员。

1752年　6月,写信给本州总督,自荐担任民团副官。

1753年　到俄亥俄法军据点递交劝告书,多次遇险。

1754年　组织军队投入法国和印第安人的战争。

1756年　被任命为英军上校副官参加英法七年战争。英军大败,华盛顿回到巴隆山庄。

1758年　参加福布斯攻占琉肯要塞的战斗,5月,与玛莎·卡斯蒂斯结婚。

1763年　英法七年战争结束。

1774年　9月,被选为代表,出席在费城召开的第一届大陆会议。

1775年　6月,出席第二届大陆会议,独立战争开始被任命为大陆军总司令。

1776年　7月4日,大陆会议通过著名的《独立宣言》。

1777年　进攻普林斯顿,获胜。

1780年　接受法军中将和海军中将军衔。

1781年　领导约克敦战役获胜,领导独立战争胜利。

1783年　返回巴隆山庄,重归庄园生活。

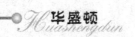
华盛顿
Huashengdun

1787年　组织召开宪法制订会议,当选为议长。

1789年　4月30日,就任美利坚合众国首任总统。

1793年　再度当选总统。

1796年　拒任第三届总统。

1797年　隐居巴隆山庄。

1799年　12月14日,病逝于巴隆山庄。